教育部人文社会科学研究青年基金项目"信息化环境下的大学课堂生态：变革、问题与对策"（项目批准号：17YJC880010）

信息化环境下的大学课堂生态研究

陈中　著

青林大学出版社

· 长　春 ·

图书在版编目（CIP）数据

信息化环境下的大学课堂生态研究 / 陈中著 . ——长春：
吉林大学出版社，2020.3
ISBN 978-7-5692-6265-0

Ⅰ.①信… Ⅱ.①陈… Ⅲ.①课堂教学－教学研究－高等
学校 Ⅳ.① G642.421

中国版本图书馆 CIP 数据核字（2020）第 054135 号

书　　　名：信息化环境下的大学课堂生态研究

XINXIHUA HUANJING XIA DE DAXUE KETANG SHENGTAI YANJIU

作　　　者：陈　中　著
策划编辑：朱　进
责任编辑：朱　进
责任校对：李潇潇
装帧设计：王　强
出版发行：吉林大学出版社
社　　　址：长春市人民大街 4059 号
邮政编码：130021
发行电话：0431-89580028/29/21
网　　　址：http://www.jlup.com.cn
电子邮箱：jdcbs@jlu.edu.cn
印　　　刷：三河市嵩川印刷有限公司
开　　　本：787mm×1092mm　　1/16
印　　　张：12.75
字　　　数：200 千字
版　　　次：2020 年 3 月第 1 版
印　　　次：2023 年 9 月 第 2 次
书　　　号：ISBN 978-7-5692-6265-0
定　　　价：50.00 元

前 言

信息化是教育发展的必然趋势,面对当前的大学课堂生态问题,分析信息化对大学生课堂学习收获的影响,能够在一定程度上促进信息技术与大学课堂的有效融合,从而有利于发挥教育信息化对教育现代化的引领作用。本研究将大学课堂视作一个微观的生态系统,将教师、学生置于课堂生态系统之中进行考察,更多地关注系统之中要素与要素之间的生态关系。从实践上来说,本研究运用结构方程模型分析信息化对大学生课堂学习收获的影响状况,以便于建立科学有效的生态重构策略。

一、剖析了大学课堂生态系统的结构

生态系统的结构主要包括形态结构和营养结构两个方面。大学课堂生态系统的形态结构是指在一定时空内存在的师生数量、师生关系、课堂环境等生物学信息,可以简化为人(课堂生态主体)和环境(课堂生态环境)两个维度,其中,"人"分为教师和学生,环境分为教材、教学媒体、教学手段、教室布置、师生关系、规章制度等。大学课堂生态系统的营养结构是指师生、生生之间借助一定媒介建立起来的信息供求关系。在大学课堂生态系统中,生产者主要负责课前的精心"预设"和课堂的动态"生成",将来自外部世界和自我经历的信息消化转换,以消费者能够吸收的方式通过课堂环境传递给消费者;消费者通过生产者提供的信息和能量来获取自身需要的资源,但不参与课堂活动的"预设"或"生成";分解者通过课堂教学活动获取所需信息资源,实现自身的知识重构,然后,将生成的新能量、新信息反馈给大学课堂生态系统,从而使生产者不断获得持续的能量和信息支持,以实现大学课堂生态系统的良性循环和发展。

二、分析了信息化对大学课堂生态系统的影响

随着教育信息化进程的不断加快,大学课堂技术环境发生了翻天覆地的变化。而且,教育信息化通过改变大学课堂的技术环境,对大学课堂物理环境和社会环境也产生了深刻的影响。进入信息化时代,大学课堂教学信息的传递方式发生了巨大的变化,课堂社会交往转变为师生、生生之间的多向信息交流;教师不仅仅是生产者,也开始扮演分解者的角色。学生不再是纯粹的消费者,而是积极参与课堂生态系统运转的每一个环节,既是生产者,又是消费者,而且也是分解者。

三、提取了大学生课堂学习收获影响的信息化因子

学生课堂学习收获是与其课堂学习满意程度紧密联系在一起的。本研究中的学生课堂学习收获指的是大学生经过课堂教学实践活动之后获得的成果。学生的课堂学习收获情况需要通过学生对于课堂学习的满意度量表测评来进行体现。以大学生课堂学习收获作为因变量,与学生之间能够产生直接关系的影响因素主要有教师、其他学生和课堂生态环境。在信息化的课堂环境下,提取出对大学课堂生态可能产生影响的信息化因子有:教师信息化教学能力、课堂人际关系(含师生关系、生生关系)和信息化课堂环境。

四、验证了信息化对大学生课堂学习收获影响的理论模型

在大学课堂生态系统中,与学生产生直接关系的生态因子主要有教师、其他学生和课堂生态环境。结构方程模型验证结果表明,"学生课堂学习收获"与"信息化课堂环境""课堂人际关系""教师信息化教学能力"之间均呈现出显著正向相关的关系。其中,"课堂人际关系"对"学生课堂学习收获"的影响是最大的,"教师信息化教学能力"对"学生课堂学习收获"的影响次之,"信息化课堂环境"对"学生课堂学习收获"的影响最小。这个验证结果表明,与传统的大学课堂相比,信息化虽然带来了大学课堂生态环境的巨大变化,但课堂中的师生、生生关系才是制约大学生课堂学习收获多少的更重要因素。

五、提出了信息化背景下的大学生课堂学习获得感提升策略

依据结构方程模型的验证结果,建议着力针对"信息化课堂环境""课堂人际关系"和"教师信息化教学能力"三个生态因子提出大学生课堂学习获得感的提升策略:理顺师生生态关系,找准课堂生态位;保障学生主体生态位,防范"边缘效应";提升教师信息化教学能力,规避"花盆效应";遵循"耐度与最适度"原则,创设多样化的课堂环境。

本研究成果基于教育部人文社会科学研究青年基金项目(项目批准号:17YJC880010)立项资助,同时,还得到了江西农业大学职业师范学院学科建设经费资助。在此,感谢我的博士导师湖南农业大学教育学院郭丽君教授的悉心指导,感谢江西农业大学职业师范学院黄国清教授、张继河教授、刘圣兰教授、杨同华副教授对我的关心和帮助!在本书撰写的过程中,还得到了其他多位专家、学者的指点,谨表感谢!

陈 中

2019.12

目 录

第1章　绪论

1.1 问题的提出

1.1.1 信息化是教育发展的必然趋势

目前,我国已经进入信息化时代。在信息化时代,信息化水平和信息化能力已经成为国家综合实力的重要评判标志。作为国家信息化的重要组成部分,教育信息化承担了引领教育现代化的历史重任,已经成为国家信息化发展的战略重点之一。2006 年 3 月,中共中央、国务院在《2006—2020 年国家信息化发展战略》中明确指出,要加快教育科研信息化步伐,提升基础教育、高等教育和职业教育的信息化水平,持续推进农村现代远程教育,实现优质教育资源共享,促进教育均衡发展。2010 年 7 月,中共中央、国务院在《国家中长期教育改革和发展规划纲要(2010—2020 年)》中,从教育信息基础设施建设、优质教育资源开发与应用、国家教育管理信息系统构建三个方面阐述了我国教育信息化发展的基本思路,并特别指出信息技术对教育发展具有革命性的影响,必须予以高度重视。2012 年 3 月,教育部颁布了《教育信息化十年发展规划(2011—2020 年)》,积极推进教育信息化能力体系建设,推动信息技术与教育教学的双向融合创新;同时,更加重视教育信息化的引领性作用,强调利用教育信息化破解制约我国教育发展的难题。目前,无论是从学前教育、中小学基础教育到高等教育的不同教育阶段,还是从青少年学校教育到成人继续教育的不同教育形式,教育信息化都已经对各级各类教育教学活动产生了深刻的影响,教育信息化已经成为社会各界普遍关注的热点话题。世界各国都在不约而同地表示出对于教育信息化的密切关注和高度重视,如联合国教科文组织制定了"教育信息化促进教学变革"行动计划、欧盟实施了"尤里卡计划"、新加坡出台了"智慧岛"计划,等等。

当前,国家已经认识到信息技术对于高等教育改革的引领作用,提出要通过教育信息化引领和促进教育现代化的实现。要想真正实现教育现代化,我们必须要对教育信息化有一个正确的认识。在我国,"教育信息化"这一术语主要是被用作信息技术运用于教育、教学过程及结果的抽象化概括,它的发展和社会的信息化、国家的信息化进程是紧密联系在一起的。这里需要对"教育信息化"和"信息技术教育"这两种说法进行辨析,前者是从信息技术与教育的关系出发,描述以有关信息技术的观念、思想、设施、设备、知识和技能等来影响教育的过程和结果;后者则是从信息技术与受教育者的关系出发,描述受教育者所接受的教育的性质或类别。教育信息化不仅仅是在学校管理、课堂教学中引入现代化的技术工具,它是对传统教育思想、观念、模式、内容和方法的巨大冲击,是对当前学校教育模式的一种完全颠覆,是对信息社会中新教育模式的一次大胆尝试,更是对当前学校教育制度的一种反思和重构。

2016年6月,教育部专门制定了《教育信息化"十三五"规划》,再次强调要深化信息技术与教育教学的融合发展,要依托信息技术营造信息化教学环境,促进教学理念、教学模式和教学内容改革,推进信息技术在日常教学中的深入、广泛应用,教师信息化教学能力、学生信息素养的显著提升,以适应信息时代对培养高素质人才的需求。同时,教育部提出要建立健全教师信息技术应用能力标准,将教师信息技术应用能力纳入教师培训必修学时(学分),将能力提升与学科教学培训紧密结合,有针对性地开展以深度融合信息技术为特点的课例和教学法的培训,培养教师利用信息技术开展学情分析与个性化教学的能力,增强教师在信息化环境下创新教育教学的能力,使信息化教学真正成为教师教学活动的常态。从国家颁布的一系列政策文件可以看出国家对于教育信息化的重视程度,信息技术也已经走进大学课堂,为高校教师进行课堂教学提供了不可或缺的技术支持,也成为各个高校提高教学质量和深化教育教学改革的重要举措。

课堂教学是学校教育的中心工作,因此教育信息化的核心内容是课堂教学的信息化。教育信息化是一项复杂的系统工程,涉及学校教育、教学管理的各个领域,包括基础设施建设、信息资源建设、人才队伍建设、应用系统建设和保障体系建设等诸多方面。教育信息化的本质是实现教育信息与知识的共享,课堂教学信息化的本质就是运用信息技术创设便于师生获取、传递、加工、分享学习资源的数字化课堂环境,在发挥教师主导作用的前提下保障学生的课堂主体地位,从而实现师生、生生之间的平等沟通,并最终实现课堂教学效果的最优化。教育信息化的过程大致可以分为三个阶段:计算机辅助教学阶段、信息技术与课程整合阶段和信息技术与课堂教学融合阶段。目前,在大学课堂教学中,除了多媒体课件之外的信息技术工具则长期处于一种辅助性的地位,甚至是作为传统教学的补充而存在。虽然也出现了一些信息技术与课程整合的成功案例,但基本上是在公开课、示范课、教学竞赛或者部分综合性课程上,并没有成为常态化的教学。即是说,在大学课堂中,教师基本上还是采取传统的讲授教学模式。这也使我们看到,高等教育信息化的实现任重而道远,信息技术与大学课堂教学融合过程中的困难和障碍应该引起学界的重视。

1.1.2 高等教育大众化带来的负面效应

再来看看我国高等教育的发展情况。自从 20 世纪 90 年代以来,我国各项事业不断蓬勃发展,人们物质生活水平不断提高,社会对于高素质人才的需求量也大大增加,人们对于接受高等教育的愿望也越来越强烈,而此时我国高等教育的毛入学率只有 5% 左右,远低于发达国家 80% 左右的水平,高等教育人才培养速度和培养规模远远不能满足社会发展的需求,这在一定程度上制约了我国经济社会的发展速度,围绕着高等教育的人才供求矛盾越来越突出。在这种时代背景下,增加高等教育招生计划人数(即“高等教育扩招”)成为缓解当时社会矛盾的一项刺激措施。高等教育的扩招使更多人得到接受高等教育的机会,进一步促进了教育公平,扩大了社会大众受教育机会的均等,缓解了社会大众对于高等教育的渴求,提升了整个民族的文化素质,也满足了社会发展对于高素质人才的迫切需求,有力地推动了国家经济社会的持续发展和综合国力的快速提升。1999 年,原国家计划发展委员会和教育部联合发出通知,决定扩大当年的普通高校招生计划,这一年全国普通高等学校本专科计划招生130万人,比1998年增加22万人,增长近20%。自1999年实施高校扩招政策以来,我国高等教育进入了跨越式发展阶段,仅仅用了几年时间就完成了从精英教育到大众化教育的转变。从我国高等教育毛入学率来看,1999年高等教育毛入学率10.5%,2000年高等教育毛入学率11.2%,2001年高等教育毛入学率12.9%,2002年高等教育毛入学率就达到了15.0%,这标志着从2002年开始我国正式进入高等教育大众化阶段。[①]

但是,伴随着我国高等教育的快速大众化,大学毕业生的就业形势越来越严峻,社会各界对于高等教育人才培养质量表现出广泛的质疑。关于高校扩招后的高等教育质量问题和教学质量问题的研究比较多,这也在一定程度上反映出社会各界对高等教育质量问题的强烈关注。

1.1.3 信息化背景下大学课堂存在的生态问题

目前,信息技术已经顺利地走进了大学课堂,多媒体软件已经成为大学教师进行课堂教学的有力工具。大学课堂作为高等学校进行人才培养的重要阵地,也受到了来自学界内外的诸多关注。

1. 班级规模与大学课堂承载力之间的生态问题

1913年,美国生态学家谢尔福德(V. E. Shelford)指出,生物对其生存环境的适应有一个最小量和最大量的界限,生物只有处于这两个限度范围之间才能生存,这就是耐性定律。耐性定律告诉我们,"过"或"不及"都会不利于生物的生存和发展。人们将生态因子的作用分为三种情况:最小量、最适度和最大量,其中,最适度的"度",是生态因子质和量的统一。最适度也是最适宜生物的生存和发展的生态因子区间。2005年,我国学者贺祖斌提出高等教育生态承载力的概念,指出高等教育生态承载力是高等教育生态系统的自我维持、自我调节能力,以及教育资源与环境子系统对具有相应质量标准的发展规模所能承载的供容能力。[②]高等教育发展必须建立在相应的生态承载力基础之上。同样地,课堂生态系统也存在着生态承载力。课堂生态承载力是指课

---

①教育部.1999年教育大事记[EB/OL]. [2017-01-16].http://www.moe.edu.cn/publicfiles/business/htmlfiles/moe/moe_163/200408/3460.html.

②贺祖斌. 高等教育生态论[M]. 桂林:广西师范大学出版社,2005:46-56.

堂生态环境对班级规模(主要指学生人数)所能提供的资源承受能力,一旦班级规模超过课堂生态系统的承受能力,课堂生态结构就会出现失衡,课堂生态功能也会出现一定程度的失调,甚至可能导致课堂生态问题。

目前,我国高校的班级人数一般保持在 30 人以上,班级授课制仍然是占据主流的教学组织形式。在信息化课堂中,学生与教师、同伴之间的互动交流成为课堂教学的主要学习途径,学生主要通过与他人的信息传递来实现自身的知识建构,而庞大的班级规模常常成为信息化课堂中师生、生生交流的第一道障碍。试想,在一个学生规模适宜的课堂里,每个学生都有参与课堂活动的机会,都可以得到教师的及时引导和帮助,学生的课堂主体地位才能得到有效的保障;而在一个学生规模超过课堂生态承载力的课堂中,一部分学生无法获得参与课堂活动的机会,久而久之,其就会失去主动学习的积极性,甚至可能逐渐转变为课堂的边缘人。也就是说,在一个生态超载的大学课堂中,一部分学生无法获得与他人沟通交流的机会,无法获得及时的学习反馈,而逐渐被排斥在课堂活动之外。[1]而只有在一个班级人数适宜的课堂里,每个学生的课堂主体地位才能得到有效的保障。因此,班级规模过大已经成为制约信息技术与课堂教学深度融合的重要障碍。如果班级规模不缩减,即使课堂技术环境改变了,也难以从根本上保证学生的课堂主体地位,新型教学模式也很难取得理想的效果;而且,此时的信息技术甚至可能会强化传统课堂的灌输功能,将传统课堂中的"人灌"转变为信息化课堂中的"电灌"。

2. 教师与信息化课堂环境之间的生态问题

生态位是生态学中的一个概念,主要用来描述物种在一定环境中所占据的时空位置,反映了其在生态系统中的地位。在生态系统中,每个物种必须占据合适的生态位,才能发挥自己的生态功能,与环境达成和谐的状态,进而获得生存和发展。在信息化课堂中,教师和学生是这个系统中的关键物种,也是重要的生态因子,若要保持课堂生态系统的平衡与稳定,需要这两者在自己的生态位上发挥应有功能和作用,互利共生,并最终实现协同进化的目的。但

---

①李方安,张良才. 班级规模:一个不容忽视的学习资源[J]. 大连教育科学,2001,17(3):47-49.

是,在现实的大学课堂中,我们看到很多教师与课堂环境之间的不和谐现象,甚至出现了教师的生态位宽度越来越窄,被信息技术"侵占"的现象。例如:越来越多的教师表现出对信息技术的过度崇拜和依赖,不管是什么性质的课程,都要使用多媒体,而且一旦离开多媒体课件,教师就不知道该怎样上课了[①]。这种现象表明,一些教师逐渐失去了对信息技术的控制能力,甚至演变成教师被信息技术所控制的状况。作为直接与信息技术打交道的关键群体,教师越来越失去对信息技术的控制能力,甚至演变成教师被信息技术所主导,教师失去课堂话语权。这就是说,信息技术在一定程度上排挤和占领了教师的部分生态位。

实际上,这主要是因为信息技术没有得到正确的课堂定位。梳理一下信息技术走进课堂教学的历程,课堂的信息化过程可以分为三个阶段:首先是计算机辅助教学阶段,主要使用多媒体课件辅助教师的课堂教学演示,在这个时期,信息技术只是课堂教学的辅助工具和手段,教师和信息技术之间几乎没有互动;然后是信息技术与课程整合阶段,这时要结合不同学科的特点,将具体的课程内容通过恰当的技术形式呈现出来,这个时期教师要转变传统课堂观念,并不断提高信息技术应用能力;最后是信息技术与课程深度融合阶段,这时更加强调教师的信息化教学设计能力,不再强调技术本身的能力,而是以具体课程为主的整合能力[②]。现在,我们正处于第二阶段与第三阶段之间的过渡时期,高校教师普遍认识到信息技术对于改善课堂教学效果的重要性,开始进行信息技术与课程深度融合的积极探索。但是,在课堂教学实践中,教师与信息技术还需要借助周围环境进行不断的"磨合",以达成共同进化。只有当教师在信息化课堂中找准自身的生态位,能够根据具体情况决定是否使用技术、使用何种技术、何时使用技术等,才能使信息技术在课堂中的应用更合理、更有效。

---

①沈国荣. 基于现代信息技术的大学英语教师生态位研究[J]. 郑州:河南工业大学学报(社会科学版),2015,11(3):151-154.

②许哲,董阁. 从教育生态学视角看信息技术环境下教师的生态位[J]. 南京:江苏广播电视大学学报,2010(3):61-64.

3.学生与信息化课堂环境之间的生态问题

在大学课堂中,师生交往呈现出网状交互的生态关系。在理想状态下,课堂师生关系应该表现出教育目标的一致性、思想交流的通畅性和教育内容的生成性,进而实现师生双方的互惠共生。然而,在高等教育信息化的进程中,教师与学生在课堂交互过程中,已经出现了一系列的不和谐现象。就教师方面来说,教师为了响应高等教育教学改革的需求,开始大量使用信息技术开展课堂教学,在探索中发现问题和解决问题;而对学生来讲,他们所关注的只是如何快速高效地掌握这门课的知识。也就是说,目前所推行的信息技术与课堂教学的融合一直是要求教师做出转变,认为教师的观念变了,就能够实现预设的信息化目标。而对于学生是没有进行任何要求的,这就导致一些问题的出现。例如:教师讲授时间减少,转向注重学生的课堂参与度,课堂讨论、小组活动等形式成为主要的教学组织形式。这时有学生表现出不理解和不接受,感觉没学到什么知识。针对大学英语课堂的一项调查表明,只有15%~30%的大学生喜欢小组讨论等形式的课堂,50%~70%的大学生还是喜欢传统的教师讲授型课堂。[①]这也提醒我们,要真正实现信息技术与大学课堂的深度融合,使信息化课堂成为课堂教学的常态,不仅仅是要转变教师的教育理念和教学习惯,如何转变大学生的应试思维也是需要引起重视的问题。

4.教师与学生之间的生态问题

在课堂生态系统中,教师与学生之间应该是一种互助的关系。在信息化课堂中,教师和学生都是课堂教学活动的主动参与者,师生之间的沟通方式应该是一种平等主体间的双向沟通。教师在帮助学生成长的过程中,不断凸显自己的人生价值,也在不断地实现自己的职业成长和专业发展。因此,教师在信息化课堂中扮演的是学生学习活动的引导者、促进者和合作者的角色,学生也要在教师的引导下不断进行学科知识的积极建构和学习效果的自我评估。然而信息化时代的大学师生之间心理距离较大,师生交往方式以课堂即时互动和课外电话沟通方式为主,课堂互动内容也局限于知识学习,课外

---

①鲍静. 大学英语交互式课堂教学的调查分析及启示[J]. 大连:教育科学,2008(7):97-98.

电话沟通主要是为了解决一些具体事务[①]。可以看出,当前的大学师生交往呈现出普遍性的情感缺失。很多高校在进行课堂管理时,以自上而下的单向式管理方式为主,没有考虑信息化时代的学生成长环境和心理发展特点,这也在一定程度上助推了师生之间的关系恶化。以大学课堂普遍存在的"低头族"现象为例,教师与手机之间开展了一场争夺学生注意力的竞赛。有调查结果表明,17%的大学生平均每节课使用手机时间超过30分钟,"使用即时通信工具聊天"是大学生课上用手机的最主要用途。面对这种情况,很多高校采取设置手机收纳袋、屏蔽信号等一系列措施,这些做法取得了一定的效果,但是也引发了不少的争议。对于上课玩手机的原因,调查显示42.8%的学生认为课程太枯燥乏味,19.5%的学生表示有即时查资料的需求,还有7.1%的学生表示是为了与同学交流[②]。在信息化课堂中,信息技术是常态化的课堂技术环境,网络资源成为重要的信息来源,智能移动设备也会成为课堂教学中不可或缺的重要成员。从长期来看,这种"堵"的方式难以取得持续的教学效果,也不能从根本上解决问题。因此,信息化时代的师生关系建构也需要顺应潮流,思考如何使手机成为课堂教学的有效支持工具,而不是撕裂师生关系的导火索。

1.2 相关研究综述

1.2.1 关于教育信息化的研究

近年来,教育信息化已经成为学界的研究热点,研究成果也比较丰富。对已有的研究成果进行梳理,可以将其分为下述三类。

1. 教育信息化相关的政策分析与探讨

教育信息化已经成为教育发展的必然趋势,国家也从制度层面上充分保

---

①闫杰. 信息化时代大学师生关系研究——以中南民族大学为例[D]. 武汉:中南民族大学,2011:35-36.
②孔悦. 手机与教师:谁能抓住大学生注意力? [N]. 北京:新京报,2014-06-09(D14-D15).

障了教育信息化的重要战略定位。学界对于教育信息化相关的政策进行理论解读的研究成果比较丰硕，如汪基德针对《国家中长期教育改革和发展规划纲要（2010—2020年）》传递的政策信息进行了精细解读，并对教育信息化到信息化教育的未来走向进行了充分论证[①]；郑旭东等在对2014年美国高等教育信息化协会（EDUCAUSE）发布的高等教育信息化十大议题进行解读的基础上，提出如何为信息技术支持的教学创新提供制度保障已经成为面临的关键挑战，并认为要充分利用学习分析技术为教学创新提供经验支持[②]；梁砾文等基于中国《教育信息化"十三五"规划》和《美国2016教育技术规划》两份文件，对中美教育信息化愿景、关注焦点与实现路径进行逐一的比较研究，提出教育信息化话语体系建构要关注本土问题、立足多元互动等实施路径[③]；张纲等分析了《教育信息化"十三五"规划》的总体部署以及特点，并对《教育信息化"十三五"规划》的核心思想进行了概括[④]；张红艳等从基础教育信息化发展战略、基础设施建设、教育信息化应用及教师信息化培训四个维度对"一带一路"沿线5个地区20多个国家基础教育信息化发展情况进行了梳理和分析，并总结了"一带一路"沿线国家基础教育信息化发展的总体情况及特点[⑤]。

2. 区域教育信息化发展研究

由于我国不同地域之间的经济发展水平不均衡，教育水平也呈现出明显的参差不齐，所以不同地域的教育信息化发展情况也差异比较大。结合国家教育发展的实际情况，针对不同区域实际情况的研究成果也比较丰富。如吴砥等对我国中部地区的5省14个市（区）的基础教育信息化发展水平进行

---

①汪基德. 从教育信息化到信息化教育——学习《国家中长期教育改革和发展规划纲要（2010—2020年）》之体会[J]. 兰州：电化教育研究，2011(9)：5-10.

②郑旭东，杨九民. 高等教育信息化的趋势与大学教学创新的未来：对2014年EDUCAUSE高等教育信息化十大议题的解读[J]. 北京：中国电化教育，2014(8)：37-42.

③梁砾文，王雪梅. 中美教育信息化愿景、关注焦点与实现路径比较研究——基于我国《教育信息化"十三五"规划》和《美国2016教育技术规划》话语分析[J]. 上海：开放教育研究，2016(6)：51-57.

④张纲，王珠珠. 发挥信息技术支撑引领作用服务教育现代化发展大局——学习领会《教育信息化"十三五"规划》[J]. 北京：中国电化教育，2017(2)：140-144.

⑤张红艳，赵国栋，张瑞. 中国与"一带一路"沿线国家基础教育信息化发展的比较研究[J]. 北京：中国电化教育，2017(12)：41-52.

了抽样调查,通过对中部地区省域间、省域内的基础教育信息化发展现状及其差异性进行对此分析,发现了影响中部省份基础教育信息化发展的显著因素;①曾祥翊等在座谈、走访、实地查看等方式调研的基础之上,对江苏省泰州市利用教育信息化助推基础教育优质均衡发展和创新实施"泰微课"项目的做法进行了深入了解,并进行了理论总结和经验推介;②未庆超等从河南省安阳市的基础教育信息化发展出发,通过调研城市与农村的基础教育信息化区域推进与协作的现状,针对存在的问题,从加强制度建设、经费建设、基础设施建设、人才队伍建设、基于互联网的校校协作等方面提出了城市与农村基础教育信息化齐发展的区域推进与协作的策略。③

3. 高校教育信息化建设与发展

近年来,信息技术在高等教育领域掀起了一波又一波的改革浪潮,高等教育信息化已经成为学界的共识。诸多学者也针对高等学校的信息化建设问题开展了多样化的研究,如刘瑞儒等在论述教育信息化基本概念、特征与构成的基础之上,分析了教育信息化对高等教育产生的影响④;周修考建立了福建省应用型高校教育信息化评价指标体系,运用层次分析法确定指标权重,构建了适用于应用型高校的教育信息化评价模型⑤;王姗姗针对高校教育教学管理的信息化建设进行了深入的探索⑥;尚俊杰等从教育信息化在高等教育领域掀起的教育革命入手,系统分析了信息技术对高校教学的变革作用,以及高等教育信息化运行机制方面的矛盾和面临的挑战⑦;还有杨晓宏等基

①吴砥,李枞枞,周文婷,卢春. 我国中部地区基础教育信息化发展水平研究——基于湖北、湖南、江西、河南、安徽5省14个市(区)的调查分析[J]. 北京:中国电化教育,2016(7):1-9.

②曾祥翊,蔡耘. 泰州教育信息化助推基础教育优质均衡发展调研报告——"江苏泰微课"建设与应用经验[J]. 北京:中国电化教育,2015(6):42-46.

③未庆超,陈玲玲. 安阳市基础教育信息化区域推进与协作策略研究[J]. 石家庄:产业与科技论坛,2018(3):110-111.

④刘瑞儒,胡瑞华. 试论教育信息化及其对高等教育产生的影响[J]. 长春:现代情报,2003(9):104-105.

⑤周修考. 应用型高校教育信息化评价研究——以福建省为例[J]. 韶关:韶关学院学报,2017(11):11-14.

⑥王姗姗. 高校教育教学管理信息化建设的策略思考[J]. 北京:办公室业务,2017(22):81.

⑦尚俊杰,曹培杰. "互联网+"与高等教育变革——我国高等教育信息化发展战略初探[J]. 北京:北京大学教育评论,2017(1):173-182.

于利益相关者的理论视角,阐述不同利益相关者对高等教育信息化发展的利益诉求,进而构建促进我国高等教育信息化发展的有效策略[①]。

4. 信息化课堂教学研究

课堂教学是学校教育的主要形式,教育的信息化也必然要落实在课堂教学的具体过程中。葛建中提出,教育信息化应用关键在课堂。[②]何克抗认为,实现教育信息化的宏伟目标,要有效利用信息化教学环境去变革传统课堂教学结构,实现各学科教学质量与学生综合素质的大幅提升。[③]王陆针对班级授课制的弊端,尝试运用教育传播原理改进班级授课制下的信息化课堂教学[④];丁建英等从翻转课堂的内涵入手,提出翻转课堂所倡导的"以信息技术带动教学结构变革"对于教育信息化建设能够起到促进作用[⑤];李云晖等对翻转课堂学习系统的内涵进行了剖析,进而提出大学翻转课堂学习模式的设计[⑥];刘燕在分析翻转课堂优势和不足的基础之上,从学生、教师、学校环境和评价等多方面具体探析大学英语课堂的翻转课堂实施模式[⑦];吴迪从建构主义理论对基础教育课堂教学的启示出发,对教学理念、教学目标、教学内容、教学手段、教学环境、教学评价等要素进行重新组织,进而重构基础教育课堂教学模式[⑧]。

1.2.2 关于课堂生态的研究

随着人类对自然和社会生态问题的日益重视,教育生态学作为一门研究

①杨晓宏,杨方琦. 利益相关者视角的高等教育信息化发展策略研究[J]. 兰州:电化教育研究,2014(11):9-15.

②葛建中. 教育信息化应用关键在课堂[J]. 长沙:发明与创新·教育信息化,2014(8):1.

③何克抗. 智慧教室+课堂教学结构变革——实现教育信息化宏伟目标的根本途径[J]. 北京:教育研究,2015(11):76-81.

④王陆. 教育传播学原理在改进班级授课制下的信息化课堂教学中的应用[J]. 北京:中小学信息技术教育,2007(9):17-19.

⑤丁建英,黄烟波,赵辉. 翻转课堂促进教育信息化进程[J]. 北京:中国教育信息化,2014(2):27-29.

⑥李云晖,王君. 高等教育信息化趋势下翻转课堂学习模式设计分析[J]. 哈尔滨:黑龙江高教研究,2015(4):166-169.

⑦刘燕. 教育信息化下大学英语运用翻转课堂的理性探析[J]. 西昌:西昌学院学报(社会科学版),2016(1):156-160.

⑧吴迪. 教育信息化环境下基础教育课堂教学模式探析——基于建构主义理论[J]. 长春:长春理工大学学报,2013(4):145-146.

教育领域中的生态现象、生态问题和生态规律的新兴学科,也越来越受到国内外学者的广泛关注。作为教育生态学研究的微观领域,课堂生态研究进展是与教育生态学的学科发展紧密联系在一起的。1932年,美国教育社会学家沃勒(W. Waller)在其代表性著作《教学社会学》中首次使用"课堂生态学"一词,并探讨了课堂教学的社会性和生态性。以此为肇始,课堂生态研究终于缓缓地拉开了序幕。自沃勒(W. Waller)提出"课堂生态学"这一专门术语之后,关于课堂生态的研究并未立即引起学界的重视。直到美国教育学家多伊尔(W. Doyle)和庞德(G. Ponder)再次发起关于课堂生态研究的倡导,他们认为"学习发生的每一个背景中都包含了一位学习者、一位教师、一个背景和学习的信息……因此,学习发生在一个生态系统之中",并据此将课堂生态界定为"对教学环境产生影响的互相联系的过程和事件所形成的网络",学者纳撒利(S. T. Nathalie)指出,这一概念界定并不是关于课堂生态的清晰的可操作性定义。但是,自此课堂生态开始引起学界的关注,课堂生态相关的研究成果开始陆续出现。

总的来看,国外学者对课堂生态的内涵存在着两种理解。第一种观点认为课堂生态就是课堂中教与学行为发生所依赖的环境;如 Krantz, Patricia J. 和 Risley, Todd R. 把课堂行为形态理解为促进学生课堂内学习行为的课堂环境,包括物理的、空间的和建筑的变量。第二种观点认为课堂生态是包括课堂环境在内的,由课堂生命体和课堂环境互相作用而形成的综合体;如 Agard 和 Judith A. 认为课堂生态结构包括物理环境、人员、小组结构和教育活动等四个方面;Morrison Sherry B. 和 Oxford Rebecca L. 将课堂生态分为七个纬度:功课、教师角色、学生活动、组的大小、生生关系、活动顺序、学生选择和教师人数。

国外学者在进行课堂生态研究时主要是从教师、学生、课堂环境和教学内容四个方面分别进行研究,相关研究成果主要集中在基础教育和特殊教育领域,专门针对大学课堂生态的研究相对较少。在针对大学课堂生态的研究中,国外学者对高校教师的生态行为和生态素质给予了一定的关注,小卫斯理(Wesley JR)等(1991)专门探讨了大学课堂中师生情感与学生学习成绩之间的关系,认为教师对学生的情感评价能够深刻影响学生学业成绩的质量;尤努斯(Melor Md Yunus)、奥斯曼(Wan Osman)和穆罕默德(Noriah

Mohd Ishak)(2011)通过对非母语教学课堂的观察发现,积极的师生关系不仅有利于提高学生的学术成就,还有利于激发学生的学习动机和参与学习的热情。朱利安·艾略特(Julian G. Elliott)和史蒂文(Steven E. Sternler)(2008)认为教师应该掌握几个关键性的人际交往技巧,如"共在""重叠"和"非言语行为",以便于创造更好的课堂生态,提升教师的专业发展和学生的行为质量。国外学者还比较重视大学课堂生态环境的研究。多萝西(Dorothy D. Wollin)和玛丽(Mary Montagne)(1981)通过对传统教室和创新实验教室的实验研究发现,在实验教室中学生测试分数较高,教师和学生的态度更为积极主动,师生互动效果更好。贝克(Franklin D. Becker)、索莫(Robert Sommer)等(1973)针对大学课堂生态做了三个现场研究,旨在探究不同教室环境下的学生参与情况。第一个研究是在传统布局的教室里进行,结果发现教室大小和学生课堂参与率有关,但和学生参与时长无关。第二个研究是在各种实验室里进行,教师的主要职责就是看看评评,结果发现学生之间互动更加频繁。第三个研究是在一个大礼堂里进行问卷调查,结果发现学生参与情况和座位、对调查的兴趣、与老师的熟识程度等有关。

国内对于课堂生态的研究起步比较晚,早期主要是在进行教育生态学研究的过程中,对教育生态研究的微观领域——课堂生态进行分析和研究;如范国睿在其专著《教育生态学》中单列出第7章来探讨课堂生态环境问题,针对教室里的物理环境要素(颜色、光线、噪声、温度)、座位编排、班级规模等进行专门研究。2001年,汪霞撰写的《一种后现代课堂观:关注课堂生态》是国内第一篇以"课堂生态"为主题公开发表的学术论文。我国学者对于课堂生态的研究自此开启。最初,国内对于课堂生态的研究也集中在基础教育领域,针对大学课堂的研究成果寥寥无几。直到2006年,刘凤杰的《课堂生态对大学英语教学效果的影响研究》成为国内关于大学课堂生态研究的第一篇学术论文。[①]此后,关于课堂生态研究的论文数量开始逐年快速增加,截至2017年底,课堂生态相关的研究论文已经累计达到231篇,这表明课堂生态研究正在引起国内学者的普遍关注,并逐渐成为课堂研究的一个热点领

---

①刘凤杰. 课堂生态对大学英语教学效果的影响研究[J]. 哈尔滨:教育探索,2006(10):79-80.

域。对课堂生态的相关研究论文进行梳理,发现这些论文大都是探讨某门具体学科(如大学英语)课堂生态失衡状况分析以及如何构建生态课堂,而专门针对普适性课堂生态的研究成果比较少。将相关的文献资料按照研究内容进行归类整理,发现其主要分布在课堂生态内涵研究、课堂生态问题研究、基于某门课程的课堂生态分析与实践三个方面。

1. 课堂生态内涵研究

课堂生态的内涵主要是从组成、结构、功能等方面来进行研究的。关于课堂生态的概念界定,以汪霞、李森、孙芙蓉为代表的诸多国内学者对此进行了积极不懈的探索。汪霞认为广义上的课堂是一个自组织的动态开放的人工生态系统;狭义上的课堂是由生物与其生存环境共同组成的系统的整体,该系统中不仅存在着生物之间的密切联系和相互依存,也存在着生物与环境之间或者说与环境的其他非生物因素之间的相互联系和相互作用,它们在共生与合作中结成生命共同体。[①]李森认为课堂生态是一种特殊的生态,具有独特的生态主体和生态环境;课堂生态主体是指教师和学生,课堂生态环境则分为客体性课堂生态环境(如教室颜色、光线等物理因素)、派生性课堂生态环境(如管理制度、学习风气等)和客体性课堂生态主体(如教师专业素质、学生家庭背景等个人因素)三类。[②]孙芙蓉则从研究对象和研究内容的角度来界定课堂生态,她认为课堂生态的研究对象是课堂内有机体与其周围环境(包括非生物环境和生物环境)之间的相互关系,其基本的功能研究单位是课堂生态系统;研究内容包括两个方面:一是课堂生态系统的结构、功能和形态;二是对于课堂生态系统结构和功能的优化调控。[③]

还有,刘兴然对课堂生态与课堂动力的关系进行了深入的分析,认为课堂生态是影响师生教学成效的重要因素,良好的课堂生态有利于透过课堂动力驱动教学成效的提升。[④]黎琼锋、李辉认为"原生态"的课堂应该是流动的(倡导知识分享)、自主的(鼓励张扬个性)、合作的(实现共同发展),构建一

---

①汪霞. 我们的课堂生态了吗[J]. 上海:全球教育展望,2005(5):17-22.

②李森. 论课堂生态的本质、特征和功能[J]. 北京:教育研究,2005(10):55-60.

③孙芙蓉. 试论课堂生态研究的几个基本问题[J]. 北京:教育研究,2011(12):59-63.

④刘兴然. 论课堂生态与课堂动力[J]. 太原:教育理论与实践,2014,34(7):56-59.

种平衡的课堂生态将有助于教师和学生的共同成长。[①]刘贵华、岳伟针对教师这一生态主体,提出可以从创建学校生态文化、扩大课堂教学自主权、加强生态学知识学习、开展课堂教学反思等四个方面来提高教师的课堂生态意识。[②]袁聿军从生态位理论出发,提醒教师要关注课堂中学生的生态位变化,并运用适当的教学策略,使学生得到充分发展。[③]杨正强、李森针对我国中小学课堂生态结构和功能失衡现象,提出确定生态化的课堂教学目标、建立平等对话的师生关系、创设和谐自然的课堂情境和变革教学方式等优化策略。[④]

2. 课堂生态问题研究

我国针对大学课堂生态内涵的研究文献比较少,已有研究主要是借助生态学理论来分析大学课堂教学中的生态问题,以及如何建构生态化的课堂。吕朝认为由于生态意识的缺乏,导致大学课堂出现单极、偏一、呆滞、逃逸等严重的生态问题,并提议从自由态势、学术内涵、思想交汇、学力养成等方面重建大学课堂生态[⑤];张硕对"考试霸权"控制下的大学课堂中教师和学生行为比例失调、传播生态失衡现状进行了深入剖析,提出从教师人格技能、教学情态等方面着手,以实现教师人性与信息技术在课堂生态中的有机融合,最终服务于成长中的大学生[⑥]。邓春生等还构建出基于教育生态理论的高校教师课堂教学评价体系和高校教师课堂教学评价模型[⑦]。胡菁慧也提醒学界要关注大学课堂生态主体的角色错位和生态环境的超负荷现象,期望通过建设生态化课堂促进高校课堂教学的全面协调与可持续发展[⑧]。

---

①黎琼锋,李辉. 浅论平衡的课堂生态[J]. 南京:基础教育研究,2006(2):7-9.

②刘贵华,岳伟. 论教师的课堂生态意识及其提升[J]. 太原:教育理论与实践,2015,35(16):30-34.

③袁聿军. 生态位理论在课堂教学中的应用探析[J]. 淄博:淄博师专学报,2007(1):42-45.

④杨正强,李森. 论中小学课堂生态平衡及优化策略[J]. 长春:中小学教师培训,2008(4):46-48.

⑤吕朝. 现代大学课堂生态研究[J]. 攀枝花:攀枝花学院学报,2009,26(5):108-111.

⑥张硕. 传播生态视域中大学课堂的潜课程研究[J]. 徐州:江苏师范大学学报(教育科学版),2014,5(1):48-52.

⑦邓春生,朱根华,肖笑飞. 基于教育生态理论的高校教师课堂教学评价模型的研究[J]. 兰州:社科纵横,2013,28(11):154-155.

⑧胡菁慧. 对高校"生态化课堂"建设的思考[J]. 南昌:江西青年职业学院学报,2010,20(4):54-56.

除此之外,还有学者从其他视角对大学课堂生态进行了分析和研究。徐建华认为大学课堂生态范式已由传统的讲授式课堂生态向建构式课堂生态过渡,在这种形势下,高校应树立科学的课堂生态理念,创设优良的课堂物质生态,建立平等对话的课堂心理生态,提升高品质的课堂文化生态,以促使大学课堂范式由传统的讲授式转变为理想的共建式。[①]陆韵认为构建生态化大学班级学习共同体是促进学习的有效方式,并基于生态学视角提出大学生班级学习共同体的构建策略:提供真实的专业实践情境、创建学习者互动协商平台、促进班集体成员身份转化、营造班集体和谐文化氛围以及开拓全方位资源流通渠道。[②]吴艳基于教师发展的视角,认为大学课堂教学是以促进教师专业发展、学术成长和人格发展为目的的生态进化过程;面对大学课堂生态困境,教师和学生要不断地超越当前的生态困境,从冲突到竞争与适应,从个体到共生与发展,才能保证教师专业发展的可持续性和学生成长的持久性。[③]

3. 基于某门课程的课堂生态分析与实践

2014 年,刘长江的专著《信息化语境下大学英语课堂生态研究》出版,成为国内第一部专门针对大学课堂生态研究的学术著作。在基于某门课程的大学课堂生态研究成果中,关于大学英语课堂生态的研究成果是最为丰硕的,这也反映出大学英语课程在当前的大学教学中所处的重要地位,以及相关人员迫切需要运用教育生态理论来解决大学英语课堂中的生态问题。刘长江认为信息技术应用于大学英语教学以后,其课堂生态出现了结构上的失衡和功能上的失调,并从生态因子、生态位、花盆效应等方面提出具体的重构路径。[④]马晶文认为大学英语课堂存在着课堂群体生态失衡、教与学的失衡、生态空间环境的失衡,并对影响生态化课堂环境构建的物质因素、生态位因素和精神因素进行了分析。[⑤]郭云仙建议在大学英语课堂上建构生态学习共同

---

①徐建华. 基于共建式大学课堂生态建设的思考[J]. 北京:中国大学教学,2015(3):62-66.

②陆韵. 生态视域下大学生班级学习共同体的构建[J]. 徐州:煤炭高等教育,2013,31(6):101-103.

③吴艳. 大学课堂教学的生态困境及其超越[J]. 哈尔滨:黑龙江高教研究,2013(2):22-23.

④刘长江. 信息化语境下大学英语课堂生态研究[M]. 广州:世界图书出版公司,2014.74-89.

⑤马晶文. 影响生态化大学英语课堂环境构建的主要因素[J]. 兰州:兰州交通大学学报,2010,29(2):156-159.

体,以促进学习者个体在语言、人格上的完善,进而提高大学英语教与学的绩效,实现群体全面和谐良性发展。[①]

　　除了大学英语课堂生态研究,还有一些针对其他课程教学的相关研究论文。卢景昆提出构建高校思想政治理论课生态课堂的关键是使教师和学生成为有效的生态因子,以促进师生之间、生生之间持续不断地进行能量流动。[②]邹明玮针对高校干部教育培训的课堂生态现状,分别从教师、学生和教学环境三个方面进行了分析,并构建出高校干部教育培训的课堂生态应然图景。[③]

1.2.3 文献调研小结

　　关于教育信息化的研究成果是比较丰富的,这与国家政策的支持与鼓励是分不开的。但是,在已有的相关研究中,主要集中在对于教育信息化的建设与发展策略层面上,对于微观层面上的问题研究相对不足。目前,关于信息化课堂教学的研究成果主要集中在改变传统的教学观念、探索新的教学模式、使用新的教学媒体等方面,对于信息化课堂中出现的问题研究比较少,进行更深入分析的研究成果更少,而且,对于学生在课堂中学习状况的关注明显不够。

　　就课堂生态的研究来看,国内外学者普遍比较重视基础教育阶段的课堂生态研究,而对大学课堂生态没有给予充分的重视。从国内研究情况来看,主要集中在借助于教育生态学理论进行某门课程(如大学英语)的课堂生态问题分析,然后寻求其生态课堂建设的具体措施或实施途径。总体来说,很多研究内容呈现出简单化与趋同化的倾向,对于应该运用教育生态学怎样的分析框架、什么理论来研究大学课堂并不明确;采用的研究方法也相对单一,以定性研究为主,而且缺乏系统的、持续的研究;尤其是对课堂现场进行研究分析更少,对大学课堂生态问题分析研究表面化,这就使得已有的研究成果不

　　①郭云仙. 基于生态学习共同体的大学英语课堂文化建构研究[J]. 长春:长春理工大学学报(社会科学版),2013,26(12):195-197.
　　②卢景昆. 高校思想政治理论课生态课堂的形成[J]. 福州:教育评论,2013(2):75-77.
　　③邹明玮. 高校干部教育培训之课堂生态图景研究[J]. 扬州:扬州大学学报(高教研究版),2015,19(6):42-45.

够充实丰满,论据不足,难以提出真正有建设性的解决方案。可以看出,在已有的研究成果中,鲜少有基于生态学的学科视角来分析课堂中的生态问题,这也成为本研究开展的立足点之一,以期能够通过跨学科的崭新视角,来重新梳理大学课堂中的生态现象、生态规律和生态问题,并积极寻求相应的生态对策。

1.3 研究目的与意义

1.3.1 研究目的

本研究主要是通过对大学课堂生态系统的理论探讨,分析信息化对大学课堂产生的生态影响,并借助结构方程模型分析该系统中的信息化相关因子对大学生课堂学习收获产生了怎样的影响,以及这些影响因子与大学生课堂学习收获之间影响关系的显著程度。本书对于大学课堂生态系统组分、结构等元素的分析,能够进一步完善课堂研究的理论空间,同时也进一步推动了教育生态学科的发展;而且,通过定量研究方法确定信息化对大学生课堂学习收获的影响程度,也能够为高等学校、高校教师、教育行政部门、教育科学研究人员等针对大学课堂教学中的问题提供参考依据,以便及时采取相应的调控措施。从宏观层面上来说,本研究也是在为高等教育教学改革提供理论支持和事实依据,进而寻求生态课堂建设的有效路径。

1.3.2 研究意义

课堂生态属于教育生态学研究的微观领域。教育生态学作为一门沟通社会科学与自然科学的桥梁学科,其存在的根本价值就是为了解决教育科学领域已经出现的问题和可能存在的危机。教育生态学可以被类比为"医生",它能够在教育科学领域内开展"医疗"服务,为教育生态系统进行"健康体检"和"病情诊断",并根据具体情况"开出调理或治病的良方"。教育生态学的学科功能主要体现在三个方面:基本功能、特色功能和延续功能。教育生态学的基本功能是对教育生态系统进行实时健康评价,诊断教育生态系统的健康状况,以便于制定有针对性的生态调控或治理方案;教育生态学的特色功能是指在教育生态理论的指导下,借助一定的科学分析工具判断教育生态系统的危机程度,根据需要发布教育生态危机预警;教育生态学的延续功能主要体现在对教育生态实践活动进行理论指导。本研究也正是立足于教育生态学的学科起点,对大学课堂生态问题进行信息化归因分析与对策探讨。

从理论上看,本研究有助于创新课堂研究的分析视角和完善教育生态学的学科体系。我国的教育生态学研究还处于起步阶段,其学科发展也处于初创阶段。教育生态学研究属于跨学科的研究范畴,本研究从教育生态学的基础理论出发,将大学课堂视作一个微观的生态系统,将教师、学生置于课堂生态系统之中进行考察,更多地关注系统之中要素与要素之间的生态关系,这是对以往课堂研究的思路创新。

从实践上来说,本研究主要针对大学课堂中存在的种种生态问题,运用结构方程模型分析信息化对大学生课堂学习收获的影响程度,以便于建立科学有效的生态重构对策。因此,本研究最终落脚在对大学课堂中的实践活动进行理论指导,这正是教育生态学延续功能的体现,也体现了本研究的实践意义。同时,基于信息化的时代背景来观测大学课堂中的生态问题,能够进一步推进信息技术与大学课堂教学的有效融合,促进高等教育信息化的可持续发展,从而对高等教育现代化起到一定的推动作用。

1.4 研究问题、框架与创新点

1.4.1 研究问题

本研究将运用生态学和教育学的相关学科理论,研究信息化对大学课堂生态结构产生的影响,借助结构方程模型分析信息化对大学生课堂学习收获的影响程度,然后从生态学理论视角提出有针对性的改进建议。

1. 信息化与课堂生态系统的关系研究

课堂生态属于教育生态学研究的微观领域,课堂生态系统是由课堂生态主体(教师、学生)和课堂生态环境(课堂技术环境、课堂物理环境、课堂社会环境）组成的人工生态系统。对于大学课堂生态系统来说,生产者是谁?消费者是谁? 分解者又是谁? 教育信息化对大学课堂生态系统产生了哪些方面的影响?

2. 信息化对大学生课堂学习收获的影响分析

在生态系统和生态平衡理论的指引下,首先提出应用结构方程模型分析信息化对大学生课堂学习收获影响的可行性,重点研究大学课堂中信息化相关影响因子的筛选。在信息化背景下的大学课堂中,哪些与信息化相关的因子可能会影响到大学生的课堂学习效果?

3. 大学课堂生态调控路径与实践策略研究

不能否认,信息化给大学课堂教学带来了颠覆性的变革,但由于长期传统课堂教学思想的影响,大学课堂在生态结构和生态功能上表现出了一定的问题。那么,针对当前面临的现状,如何从生态学的角度给出理论上可行的、又兼具实践操作性的调控途径呢?

1.4.2 研究框架

针对研究问题,本书将以生态学理论为研究视角,针对信息化背景下的大学生课堂学习收获问题,基于结构方程模型分析信息化相关因子对大学生课堂学习收获的影响程度,并基于模型验证结果提出相应的改进措施。研究的内容编排共分为七个章节:

第1章 绪论。通过对选题的历史背景、研究意义、概念界定和国内外研究现状的阐述,以明晰本研究的研究价值,经过对研究目的、研究问题、研究内容、研究方法、技术路线等方面的介绍和说明,从而厘清研究的过程和步骤,为后续研究的进一步开展打下良好的基础。

第2章 理论基础。主要包括信息化教学能力理论、高等教育生态系统理论、教育生态平衡理论、教育生态系统的协同进化理论和结构方程模型理论。通过对相关理论与大学课堂生态系统之间的关系进行梳理,进一步明确本书的研究方向和实施途径,认识到大学课堂生态系统的自足点和成长空间,进而为厘清大学课堂生态系统的组分和结构奠定基础。

第3章 课堂变化与影响因子选取。本章首先对大学课堂生态系统的组分和结构进行了理论规整,然后结合信息化对大学课堂生态环境产生的影响,分析了由此引发的大学课堂生态结构的变革,最后从信息化课堂环境、课堂人际关系和教师信息化教学能力三个因子入手,分析其对大学生课堂学习收获的影响程度。

第4章 模型建构与量表设计。首先,根据理论分析确立结构方程模型分析的指标变量和潜在变量,建立结构方程理论模型。然后,在参考和借鉴多位学者研究成果和咨询相关学科专家的基础之上,设计出本研究的试测量表;选择2~3所高校的在读本科生作为试测对象,使用SPSS 17.0软件对回收的试测数据进行统计分析,根据分析结果对试测量表中的题项进行删除和修改,以形成后续研究所需的正式量表。

第5章 调查研究与模型验证。本研究通过网络平台向分布在全国不同地域的多所高校的在读本科生发放了调查问卷,使用SPSS 17.0软件对回收的数据进行信效度检验,然后使用Amos 21.0软件进行结构方程假设模型拟合度和参数显著性研究。根据结构方程模型验证结果,分析信息化课堂环境、课堂人际关系和教师信息化教学能力三个因子与大学生课堂学习收获之间的影响关系。

第6章 结果分析与对策建议。根据结构方程模型验证的结果,从生态学角度出发,给出相应的改进策略与建议。

第7章 研究结论与不足。本章对全书的研究成果进行了归纳总结,并指出研究的不足之处,这也是后续研究的努力方向。

1.4.3 主要创新点

1. 研究理论的创新

在课堂生态相关的研究成果中,关于信息技术对课堂教学影响因素分析的研究还比较少,在为数不多的研究成果中,主要是借用教育生态学理论对课堂问题进行剖析,普遍缺少专门针对课堂系统本身的功能架构分析。本书从生态系统的视角分析了大学课堂生态系统的组分和结构,并对信息化带给大学课堂的影响进行了深入的理论剖析。与传统的大学课堂相比,书中分别针对信息化带给大学课堂生态环境和大学课堂生态结构两个方面的变化进行了详细论述,尤其是对大学课堂中的师生关系变化、课堂功能运转过程进行了系统分析。

2. 研究方法的创新

教育生态学作为一门交叉性质的学科,其跨学科的特殊位置决定了其研究方法的多样性和包容性。本书在研究过程中采用了定性研究与定量研究相结合的方法,针对信息化相关因子对大学生课堂学习收获的影响进行分析。由于信息化课堂环境、课堂人际关系、教师信息化教学能力、学生课堂学习效果等因素在研究中不能被直接测量,这些因素的度量需要通过某些指标变量来加以反映,因此信息化课堂环境、课堂人际关系、教师信息化教学能力、学生课堂学习效果等因素均属于潜在变量。而借助 Amos 21.0 软件进行结构方程模型构建、模型评估和模型验证,不仅能够揭示信息化课堂环境、课堂人际关系、教师信息化教学能力对学生课堂学习收获的影响,而且能够考虑测量误差,提高了研究的准确性。

3. 研究对策的创新

本书在定量研究的基础之上,基于生态学的学科理论,主要从信息化课堂环境、课堂人际关系和教师信息化教学能力等影响因子入手,提出了信息化背景下大学课堂改善的四项生态对策:理顺师生生态关系,找准课堂生态位;保障学生主体生态位,防范"边缘效应";提升教师信息化教学能力,规避"花盆效应";遵循"耐度与最适度"原则,创设多样化的课堂环境。

1.5 研究方法与技术路线

1.5.1 研究方法

1. 文献研究法

通过对已有研究成果进行搜集、鉴别和整理,能够从整体上对相关领域的研究现状有个全面的认识,更有利于把握后续研究的前进方向。通过查阅中国学术期刊全文数据库、中国优秀博硕士学位论文数据库、中国科技期刊数据库(维普)、万方数据库、中国数字图书馆电子书库等数据库资源,阅读与该课题相关的大量文献,如教育学、生态学、统计学、心理学等;同时在湖南农业大学图书馆、湖南农业大学教育学院资料室等地方查阅了大量的书籍、期刊和报纸等资料,力求为本研究寻找坚实的理论支柱和开启思维的源泉。其中许多有价值的文献使研究工作豁然开朗,拓展了本研究的思路和研究的视角,也确定了开展研究的切入点。

2. 系统分析法

系统分析法是教育生态学研究的一个基本方法。系统分析法是指将大学课堂看作一个由教师、学生和课堂生态环境共同组成的微观生态系统,这个生态系统是作为一个整体而存在的。在研究的过程中,需要对大学课堂生态系统内的各个组成要素进行综合分析,从而找出解决问题的可行方案。依据系统分析法,本研究将大学课堂生态系统看作一个整体,综合考虑大学课堂生态系统内的各个生态主体、生态环境要素,对大学课堂生态系统进行全面考察,建构大学课堂生态系统的组分和结构,分析大学课堂生态系统的功能运转规律,从而找到进行生态调控的合适路径。

3. 数据分析法

数据分析是指用适当的统计分析方法对收集来的大量数据进行分析,对数据加以详细研究和概括总结,提取有用信息和形成结论的过程。在本研究中,主要使用 SPSS 17.0 对试测量表数据进行信效度分析、区分度分析和探索性因子分析,以形成研究所需的正式量表。然后,使用 Amos 21.0 软件进行结构方程模型分析,以了解影响教育系统发展的内部主导因素和潜在因素、各个因素的优势和劣势,从而为教育活动进行科学合理的评价。在本研究中,我们把大学课堂看作一个微观生态系统,通过结构方程模型来分析大学课堂生态系统中信息化相关因子与学生课堂学习收获之间的影响关系。

4. 问卷调查法

调查研究法是社会科学研究中常用的研究方法,主要是通过有目的、有计划、系统地搜集有关研究对象的现实状况或历史状况的材料,借以发现问题、探索教育规律,而问卷调查是通过向调查对象发放设计好的问卷来获取相关信息。本研究主要是针对信息化课堂环境、课堂人际关系、教师信息化教学能力三个因子对大学生课堂学习收获的影响进行了问卷调查,面向全国不同地域范围内的多所高校发放了调查问卷,调查对象为普通高校的在读本科生。通过问卷调查可以获得本研究所需的第一手数据资料,以便于后续的数据处理和分析,最终为进一步的深入研究奠定良好的基础。

1.5.2 技术路线

根据上述关于研究目的、研究问题、研究内容和研究方法的分析,制定本研究的技术实施路线,如图 1-1 所示。

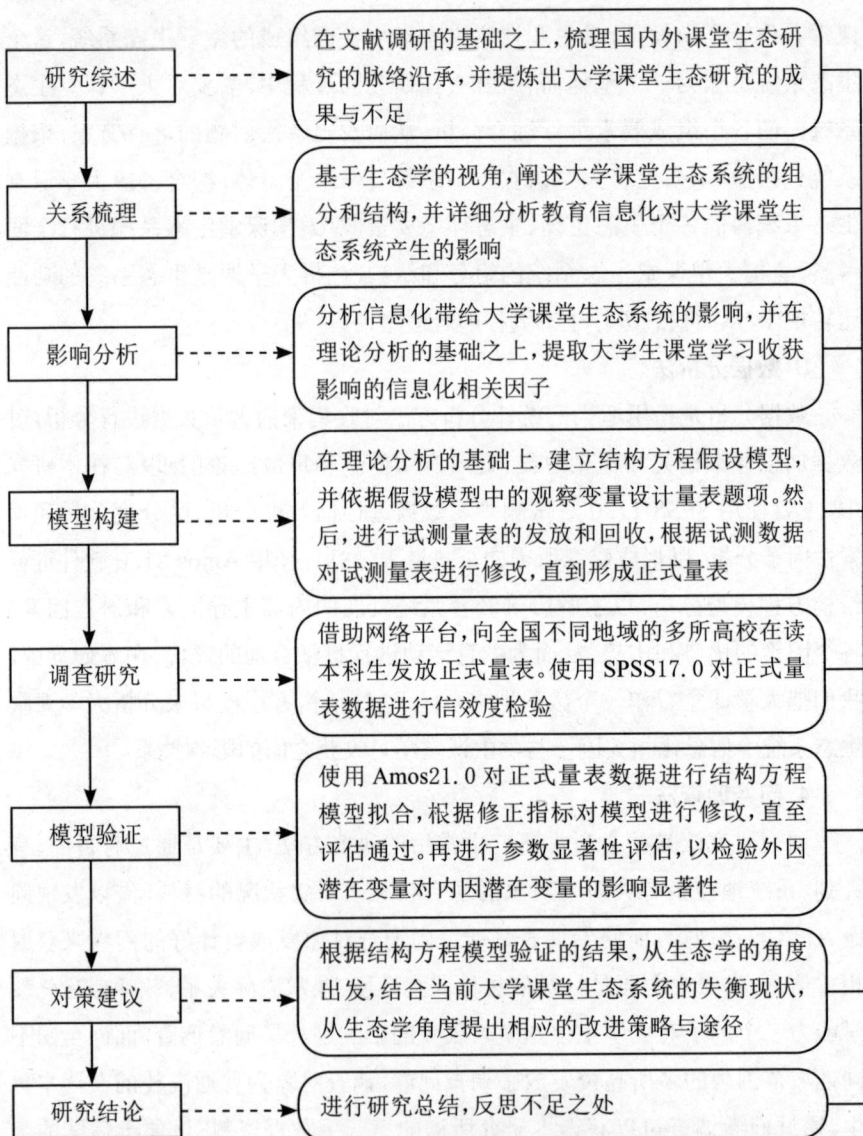

研究综述	----→	在文献调研的基础之上,梳理国内外课堂生态研究的脉络沿承,并提炼出大学课堂生态研究的成果与不足
关系梳理	----→	基于生态学的视角,阐述大学课堂生态系统的组分和结构,并详细分析教育信息化对大学课堂生态系统产生的影响
影响分析	----→	分析信息化带给大学课堂生态系统的影响,并在理论分析的基础之上,提取大学生课堂学习收获影响的信息化相关因子
模型构建	----→	在理论分析的基础上,建立结构方程假设模型,并依据假设模型中的观察变量设计量表题项。然后,进行试测量表的发放和回收,根据试测数据对试测量表进行修改,直到形成正式量表
调查研究	----→	借助网络平台,向全国不同地域的多所高校在读本科生发放正式量表。使用 SPSS17.0 对正式量表数据进行信效度检验
模型验证	----→	使用 Amos21.0 对正式量表数据进行结构方程模型拟合,根据修正指标对模型进行修改,直至评估通过。再进行参数显著性评估,以检验外因潜在变量对内因潜在变量的影响显著性
对策建议	----→	根据结构方程模型验证的结果,从生态学的角度出发,结合当前大学课堂生态系统的失衡现状,从生态学角度提出相应的改进策略与途径
研究结论	----→	进行研究总结,反思不足之处

图 1-1 研究技术路线

第2章 研究的理论基础

2.1 核心概念的界定

2.1.1 教育信息化

1993 年,美国政府提出建设国家信息基础设施建设,这个计划是发展以互联网为核心的综合化信息服务体系和推进信息技术在社会各领域的广泛应用,这就是我们通常所说的"信息高速公路"计划。在"信息高速公路"计划中,美国政府将信息技术(information technology)在教育中的应用作为实施教育改革的重要途径,这一举动在世界范围内引发了广泛的关注。在美国的带动之下,许多发达国家和发展中国家相继出台了一系列国家信息基础设施建设规划,从而带动了全球信息化建设的浪潮。教育信息化的概念就是伴随着信息高速公路的兴起而提出的。自 20 世纪 90 年代开始,我国召开了全国范围的信息化工作会议,并在政府文件里使用了"教育信息化"这一概念。目前,学术界对于教育信息化的概念没有统一的界定,国内学者从不同的研究视角出发,对教育信息化进行了不同的内涵解读。其中,比较有代表性的定义有下列几种:

1. 所谓教育信息化,是指在教育中普遍运用现代信息技术,开发教育资源,优化教育过程,以培养和提高学生的信息素养,促进教育现代化的过程。(南国农,2002)

2. 教育信息化是指在教育领域全面深入地运用现代化信息技术来促进教育改革和教育发展的进程,其结果必然是形成一种全新的教育形态——信

息化教育。（祝智庭，2007）

3. 教育信息化是指在教育与教学的各个领域,积极开发并充分应用信息技术和信息资源,培养适应信息社会需求的人才,以推动教育现代化进程。作为系统工程的教育信息化,其基本要素体现在应用、开发、网络、产业、人才和政策六个方面。（李克东，2004）

4. 信息与信息技术在教育、教学领域和教育、教学部门的普遍应用与推广就是教育信息化的基本内涵。（何克抗，2011）

5. 教育信息化是以现代信息技术为基础的新教育体系,包括教育观念、教育组织、教育内容、教育模式、教育技术、教育评价、教育环境等一系列的改革和变化。教育信息化不是简单的计算机化或网络化,而是一个关系到整个教育改革和教育现代化的系统工程。（黎加厚，2002）

6. 所谓教育信息化,就是将信息作为教育系统的一种基本构成要素,培育和发展以智能化教育工具为代表的新的教育能力,在教育的各个领域广泛地利用信息技术,并使之促进教育事业发展,实现教育现代化的历史过程。（秦如祥，2004）

可以看出,我国学者从各自的学科背景和研究视角出发,对教育信息化进行了不同的概念界定。上述观点对教育信息化的认识分歧,主要体现在教育信息化究竟是一个"过程"还是一个"系统工程"。而实际上,如果我们对教育信息化的具体内涵分别从空间和时间两个维度来进行理解的话,这两者并不矛盾。从空间上来看,教育信息化是一个系统工程,在各级各类教育机构和部门中全面推进信息技术与教育教学过程的深度融合,实现教育观念、教育内容、教育模式、教育评价、教育环境等一系列的改变和革新；从时间上来说,教育信息化是一个过程,是一个运用信息技术开发教育资源、优化教育过程、提高师生信息素养,并最终实现教育现代化的过程。

2.1.2 课堂生态系统

从文献调研的情况来看,我国学者对"课堂生态""课堂生态系统""课堂教学生态""课堂教学生态系统"这四个概念没有进行严格的区分。在已有研究中,对于课堂生态系统的概念界定主要是从构成要素、结构、功能等方面来进行的。总体来看,关于课堂生态系统的概念,主要有下面几种有代表性的定义：

1. 课堂教学生态是学生在课堂教学环境的影响下达成学习目标的动态开放系统，其主要构成因素是学生、环境、教师和内容。（王华良，2003）

2. 课堂生态系统是在一定时空内由教室中的学生与其教学环境之间相互作用、相互影响而构成的基本系统。课堂生态系统包括教师、学生和环境三部分，这三种生态因子既相互独立又相互作用，共同完成课堂生态系统的基本功能——育人。（窦福良，2003）

3. 课堂教学生态系统是在一定的教学时空内，以课堂教学为中心的教师、学生和教学环境相互影响、相互作用的具有信息传递功能的统一体。（沈双一，2004）

4. 狭义而言，课堂是由生物与其生存环境共同组成的系统的整体，课堂生态系统中的生物因素是教师和学生，教师与学生相互依存、相互作用，缺一则无法构成课程与教学活动系统；非生物因素包括物质因素和精神因素，其中物质因素指课堂自然因素、课堂时空因素和课堂设施因素，精神因素指信息因素、文化因素、组织因素、情感因素、人际因素和舆论因素。广义而言，课堂是一个人工生态系统，一个自组织的动态开放系统。（汪霞，2005）

5. 课堂是一种独特的生态，课堂生态具有自然生态和文化生态的双重属性。课堂生态主体与课堂生态环境之间、课堂生态主体与课堂生态主体之间存在着各种联系，使课堂形成一个有机的生态整体。通过彼此之间的物质循环、能量流动与信息流通，课堂生态各要素有机联系、相互作用，各自在维护课堂生态的平衡中具有举足轻重的作用，从而形成一定的课堂生态结构。（李森，2005）

6. 课堂生态研究的对象是课堂内的各个组分之间即课堂内有机体和其周围环境——包括非生物环境和生物环境的相互关系，其基本的研究功能单位是课堂生态系统，研究内容包括两个方面：一是课堂生态系统的结构、功能和形态；二是对于课堂生态系统结构的优化和功能的调控。（孙芙蓉，2011）

生态学是一门研究生命体与其周围环境之间相互关系的科学。从系统论的观点来看，课堂就是一个由教师、学生和课堂生态环境共同组成的微观生态系统，即课堂生态系统。在上述多位学者研究成果的基础之上，本研究将课堂生态系统界定为，课堂生态系统研究主要是对处于该系统中的教师、学生、环境三者之间相互适应的过程进行研究,以揭示课堂的生存、生长和生成状态,进而掌握课堂生态主体与环境之间协调发展和协同进化的规律,并及时发现课堂生态主体与环境之间的不和谐状态,以便于能够及时给出相应的调控对策。

2.1.3 信息化课堂

课堂是进行教学活动时的教室,也泛指进行各种教学活动的场所。对于学校教育来说,课堂是学生学习的主要场所,更是教师育人的主要渠道。在课堂生态系统中,学生是学习的主体,课堂就是学生生命成长的原野。在课堂教学中,教师要根据教学实际,充分利用课堂环境,积极创设必要的情境,给学生提供课堂实践的机会,让学生在特定的情境中进行实践体验,使他们在活动中感悟道理、体验情感、规范行为。课堂是学生学习的场所,教师还要运用自己的智慧和创造力,挖掘蕴涵其中的无限生机和活力,把课堂营造成生动活泼的学习乐园,使学生在愉快的学习环境中自然有序地生存、生长和生成。随着教育信息化的不断推进,以智能机器人、虚拟现实、3D打印机为代表的一批智能信息技术设备构筑成新型的课堂技术环境,在线教育、翻转课堂、微课程等以网络信息技术应用为支撑的新型教学模式越来越受到关注。与传统的课堂教学相比,信息化时代的课堂教学是一种以现代教育教学理念为指导,应用现代教育技术进行课堂教学活动的教学形态。在这场信息化带来的教育革命中,课堂的教学环境、师生关系、教学模式等诸多方面都正在发生着颠覆性的变化。

信息化课堂是和传统课堂相对而言的。与传统课堂相比,信息化课堂的不同之处主要体现在教学过程的信息化和教学资源的信息化。在传统课堂中,教师作为传授知识的主体,传授的主要是课本知识,教学过程也就是教师讲、学生听的灌输过程,教学资源主要就是教科书和一些教学辅导材料。也就是说,传统课堂中的知识都是预先明确的知识,课堂教学主要是教师将这些预先明确的知识传递给学生的过程。而在信息化课堂中,学生是学习活动的主体,教师是学生学习活动的促进者、引导者和合作者;教师要积极推进信息技术与课堂教学内容的融合,教师根据教学内容为学生创设适当的情境;教师要在现代教学理念的指导下,将多种媒体形式的教学资源整合于课堂之中,使课堂教学形式更加丰富多样,使课堂教学手段更加生动活泼,使课堂教学内容更加通俗易懂;在信息化课堂中,知识不再是预先明确的,教师也不再是知识的权威,教师可以引导学生在课堂上进行深入的研究性学习,在遇到困难的时候,可以借助于信息技术手段,及时获得实体课堂以外的帮助。更重要的是,信息化课堂是由传统意义上的实体课堂和基于网络空间的虚拟课堂共同组成的混合课堂。实体课堂和虚拟课堂是同时并存的,是互为补充的。也就是说,除了现实生活中的实体课堂,教师和学生还可以参与虚拟课堂的学习活动。总之,信息化课堂可以使师生之间的沟通更加轻松便捷,从而也促进了现代课堂教学的有效性和高效性。因此,本研究认为信息化课堂指的是在现代教育教学理论指导下,教师将多种媒体资源与教学内容有机融合,并在教学过程之中借助信息技术手段促进课堂教学目标的生成,从而培养学生的信息素养、创新精神和综合能力的教学实践过程。

2.1.4 教师信息化教学能力

当前,对于教学能力这一术语还没有统一的界定,我国学者主要是从各自的学科视角出发,对教学能力的内涵进行了深入分析。唐玉光提出,教学能力是指教师达到教学目标、取得教学成效所具有的潜在的可能性,它由许多具体的因素所组成,反映出个体顺利完成教学任务的直接有效的心理特征。[1]唐玉光认为教师的教学能力大致可以归纳为三个层次:第一个层次为教学的基础能力,包括观察力、记忆力、想象力、思维力和注意力;第二个层次为教学的一般能力,包括自学能力、表达能力、组织能力、教育机智和专科能力;第三个层次为教学的具体能力,包括教学设计能力、教学实施能力、学业检查评价能力。申继亮、王凯荣认为,教师的教学能力是以一般能力(智力)为依托,通过特殊能力表现出来的一般能力与特殊能力的结合。[2]也就是说,课堂教学活动作为科学与艺术相结合的综合性活动,它既要以教师的一般能力(或智力)作基础,又要借助于特殊能力来体现。孙亚玲则认为教学能力是教师为

---

①唐玉光. 教师专业发展的研究[J]. 上海:外国教育资料,1999(6):39-43.
②申继亮,王凯荣. 论教师的教学能力[J]. 北京:北京师范大学学报(人文社会科学版),2000(1):64-71.

了保证教学的有效性,达到预期教学目标,在教学过程中表现出来的规划设计、组织管理、动手操作、表达、评价与反馈、调节与控制、理解与交往、教学和科研等综合能力。[①]

　　教育信息化是社会信息化的重要组成部分,而教师教学能力的信息化发展,则是教育信息化发展的重要关键环节,也是促进教育信息化的重要力量。在信息化社会中,教育的思想观念、教学内容、教学方法等都发生了变革,信息化社会对教师的知识体系和能力素质提出了新的挑战。英特尔公司首席执行官克瑞格·贝瑞特博士曾说过这样的话:"如果教师不了解如何更加有效地运用技术,所有与教育有关的技术都将没有任何意义。计算机并不是什么神奇的魔法,而教师才是真正的魔术师。"人类进入信息社会以后,信息技术对传统课堂产生了变革式的影响。在信息化的课堂环境中,教学内容是课堂生态系统中最重要的信息流,而教师的信息化教学能力就是促进该系统实现良性循环的助推器。信息化社会向教师的教学能力提出了更高的要求。从教学活动的角度来看,信息化社会中的教师不仅仅是知识的传授者,还要能够设计多样化的教学过程,开发数字化的学习资源以及相关的评估工具。从学生的角度来看,信息化社会中的教师不仅要主动提高自身的信息化教学设计能力,还要能够促进学生的个性化学习能力的发展,要鼓励和支持学生使用数字化工具开展以探究解决问题为主的学习方式,并给予学生相应的学习方法指导,实施真正意义上的因材施教,从而培养学生的信息化学习能力和创新思维能力。从教师专业发展的角度来看,信息化社会中的教师需要具有数字化学习和工作的能力,这是一项基本的生存能力。信息化社会中的教师不仅要具备基本的教育技术技能,还要具备运用信息技术的一般教学法和学科教学法知识;教师要能够将新技术与知识迁移到新的教学情景中的能力,并能够运用信息技术与学生、家长、其他教师等实现数字化的协作交流。在信息化社会中,教师不再是教学信息的唯一来源,也不再是纯粹的信息传递者。在课堂教学过程中,学生会接收到来自教师的信息,还有来自媒介资源所提供的大量信息,尤其是信息化环境中的学习资源。在信息化课堂中,教师不再是

---

①孙亚玲. 课堂教学有效性标准研究[D]. 上海:华东师范大学,2004:57.

课堂的中心,教师需要具有良好的信息素养,具有应用信息技术创新课堂教学的意识、态度、方法与技能,以便成为学生进行学习探究活动的重要帮助者和指引者。这也就意味着,信息化时代的课堂必须要赋予教师教学能力新的内涵。

在已有研究中,我国学者主要是从教学目的、教学技术等出发,对信息化教学能力进行了内涵界定。如王卫军从教学目的出发,认为"信息化教学能力是指以促进学生发展为目的,利用信息资源,从事教学活动、完成教学任务的综合能力"[①]。林雯主要基于教育技术的视角,认为"信息化教学能力是指教师借助现代教育技术与设备,合理运用教育信息资源与方法,在先进教学理念指导下开展教学活动的能力"[②]。赵健、郭绍青则从整体论的高度出发,提出"信息化教学能力是教师在利用信息与传播技术通过教学设计、教学实施和教学评价等方法促进学生学习方式转变和促进学生素养过程中对学习资源和学习环境的综合利用水平"[③]。还有一些学者也从自身的研究领域出发,对信息化教学能力的内涵进行了分析。刘喆、尹睿基于信息化教学能力的本质属性,认为教师信息化教学能力是指"教师在真实的教学情境中,运用信息通信技术将学科知识转化成学生有效获得的一种知能结构体,其目的是为了实现技术促进型学习"[④]。其中,信息化教学设计能力、信息化教学实施能力与信息化教学评价能力是其三大核心内容。在本研究中,笔者认为信息化教学能力首先应表现为基本的教学能力,即教师要拥有正常的思维能力、表达能力、组织能力、教育机智和达到一定的专业知识标准;除此之外,信息化时代的教师还需要具备在课前进行信息化教学设计、课中实施信息化教学和课后开展信息化评价的教学能力。

2.1.5 课堂人际关系

目前,对于人际关系的研究主要集中在社会学和心理学的学科领域。在

---

①王卫军. 教师信息化教学能力发展研究[D]. 兰州:西北师范大学,2009:97.
②林雯. 论师范生信息化教学能力培养[J]. 福州:教育评论,2012(3):60-62.
③赵健,郭绍青. 信息化教学能力研究综述[J]. 哈尔滨:现代远距离教育,2010(4):28-31.
④刘喆,尹睿. 教师信息化教学能力的内涵与提升路径[J]. 北京:中国教育学刊,2014(10):31-36.

社会学看来,人际关系是人们在社会生产过程中形成的建立在个人感情基础上的相互关系。心理学则认为,人际关系是个体或团体彼此寻求需要满足的一种心理状态,它显示着交往双方相互吸引或排斥的心理倾向。在课堂教学过程中,一般认为课堂人际关系是指在课堂教学和课外交往的基础上形成的,由个体的个性进行调节,并伴随有一定好恶情感的师生之间、学生之间比较稳定的心理关系。[①]在课堂教学过程中,人际交往是课堂中信息传递、思想沟通和情感交流的主要渠道。课堂中的人际关系会直接影响到课堂气氛的好坏,进而影响到整个课堂教学目标的完成。

在本研究中,主要是从课堂师生关系和生生关系两个方面来分析大学课堂中的人际关系情况。结合社会学和心理学对于人际关系的解释,将本研究的课堂人际关系界定为师生之间、生生之间在一定时间的课堂教学和课外交往过程中形成的一种比较稳定的心理关系。

2.1.6 大学生课堂学习收获

从一般意义上来说,大学生包括专科、本科生和研究生(硕士生、博士生)三个学历层次,大学生的学习形式分为全日制和在职业余学习两类。本研究中的"大学生"这一概念专门指的是正在普通高等学校接受教育的全日制本科生,不包括全日制的专科生和研究生(硕士生、博士生),也不包括在职业余学习形式的专科生、本科生和研究生(硕士生、博士生)。为了叙述的方便,在后续章节中,"学生"一词专指正在普通高等学校接受教育的全日制本科生,不再另作说明。

对于"收获"一词的解释通常有两种:一是指收取成熟的农产品;二是比喻获得的成果或得到的战果。[②]根据本研究的情况,"学习收获"应该采用的是第二种释义,即"收获"是比喻获得的成果或得到的战果。据此,我们将大学生课堂学习收获理解为大学生经过课堂学习实践活动之后获得的成果。其中,这种学习收获具体表现为知识与技能收获、精神与心理收获两个方面。

---

①任志远. 课堂教学中的人际关系[J]. 南昌:江西教育科研,1989(6):5-7.
②百度百科. 2018. 收获(百度名片). https://baike.baidu.com/item/%E6%94%B6%E8%8E%B7/22870?fr=aladdin.

2.2 信息化教学能力理论

2.2.1 信息化教学能力的内涵

在信息化社会中,教师信息化教学能力是教师专业发展的核心能力。教师信息化教学能力发展的目的是促进学生的发展,所利用的信息资源是介入到教学中所有技术作用下的信息化教学资源。教师的信息化教学能力是一种综合能力,主要体现在信息化教学设计能力、信息化实施能力和信息化评价能力三个方面。教学设计最初是在美国教育技术学领域发展起来的,教学设计的最终目的是通过优化教学过程来提高教学的效率、效果和吸引力,以利于学习者的学习。教学设计可用于设计不同的教学系统,大至一整套的培训资源或教学资源的设计,小至某种教学媒体的设计;教学设计模式和操作规范也可以应用于不同的部门领域,除了学校教育领域,还可以在军队、企业或公司的人才培训中发挥着重要的作用。虽然国内外学者关于教学设计概念的争论还在继续,但就我国的实际情况来说,教学设计主要应用于学校,我国学者对教学设计的理解主要是将其定义为:教学设计是以获得优化的教学过程为目的,以系统理论、传播理论、学习理论和教学理论为基础,运用系统方法分析教学问题、确定教学目标、建立解决教学问题的策略方案、试行解决方案、评价试行结果和修改方案的过程。随着信息化时代的到来,人们发现传统教学设计的一些理念和做法不再适用于信息化时代的教学,因此需求教学设计新范式。信息化教学设计就是时代发展到这一阶段的产物。华东师范大学祝智庭教授曾对信息化教学设计进行了界定:信息化教学设计是充分利用现代信息技术和信息资源,科学安排教学过程的各个环节和要素,为学生提供良好的信息化学习条件,实现教学过程全优化的系统方法。[①]上海师范大学黎加厚教授也提出了自己的观点:所谓信息化环境下的教学设计是用系统方

---

①祝智庭. 现代教育技术——走向信息化教育[M]. 北京:教育科学出版社,2002:275.

法,以学为中心,充分利用现代信息技术和信息资源,科学地安排教学过程的各个环节和要素,以实现教学过程的优化。[①]还有,北京师范大学余胜泉教授认为,信息化教学设计是在先进教育理念(尤其是建构主义)指导下,根据时代的新特点,以多媒体和网络为基本媒介,以设计"问题"情景以及促进学生问题解决能力发展的教学策略为核心的教学规划与准备的系统化过程。在对上述三种定义进行分析的基础之上,北京师范大学何克抗教授阐述了自己对于信息化教学设计的理解:信息技术环境下的教学是在先进的教育理论(尤其是建构主义学与教理论)的指导下,通过将信息技术有效地融合于各学科的教学过程来营造一种新型教学环境,学生在教师引导和帮助下,以自主、合作、探究的方式实现学习目标的过程。而信息化教学设计则是一个系统化规划信息化教学系统的过程。这里所强调的"以学为主"、学生主要通过自主建构获取知识意义的教育思想和教学观念,对于多年来统治我国各级各类学校课堂的传统教学结构与教学模式是极大的冲击,对于真正构建既发挥教师主导作用又体现学生主体地位的教学结构有非常重要的意义。总之,信息化教学设计是与信息化时代紧密联系在一起的,它以信息化时代的教育教学理念为指导,以学生为中心,充分利用现代信息技术和信息资源,科学安排教学过程的各个环节和要素,从而不断优化学习效果的理论与实践。

信息化教学实施则主要指的是教师在教学过程中如何借助信息化资源和信息化工具实施教学的过程。教学评价主要是根据具体学科的教育目的及原则,对教学过程和教学成果进行测量,其最终目标是确保改善教与学的效果。在进行教学评价的过程中,主要运用一系列可行的评价技术和手段评量教学过程和效果的活动,以确定实际教学状况与最初教学期望之间的差距,为改进教师教学效果和促进学生的全面发展提供参考依据。与传统的教学评价不同,信息化教学评价关注的重点不再是学生学到了什么知识,而主要是评价学生应用知识的能力。也就是说,在信息化课堂中,教学评价是基于学生表现和过程的,关注的是学生在学习过程中获得了什么技能。信息化教学评价的标准是由教师和学生根据实际问题和学生的先前知识、兴趣和经验共同

---

①黎加厚. 教育技术教程——信息化时代的教与学[M]. 上海:华东师范大学出版社,2002:88.

制定的,学生还要学会对自身进行自我评价,培养学生进行自我评价的能力和技术本身就是信息化课堂的教学目标之一。而且,信息化教学评价开始重视对学习资源的评价。

2.2.2 信息化教学能力与大学课堂生态系统

信息技术的飞速发展把人们带进了一个充满信息且快速变换的时代,信息技术在教育中的广泛运用引发了教育教学形态的根本性变革,同时认知领域对人类学习过程的全新视角也揭示了传统教学设计的矛盾与弊端,传统的教学设计理论已经不再适用于内容迅速变化、全球交流、高新技术的时代背景。工业时代到信息时代的转变给教学设计带来了很多冲击,其中一个明显的改变就是从标准化转为个性化的设计,设计者逐渐尝试为每个学习者创设独一无二的学习经历,而不是努力为所有学习者制造一个简单的、定义明确的学习模式。在大学课堂生态系统中,教师和学生是这个系统的生态主体。随着教育信息化的不断推进,以智能机器人、虚拟现实、3D打印机为代表的一批智能信息技术设备逐渐构筑成新型的大学课堂技术环境,在线教育、翻转课堂、微课程等以网络信息技术应用为支撑的新型教育模式越来越受到关注。与传统的课堂教学相比,信息化时代的课堂教学是一种以现代教育教学理念为指导,运用现代教育技术进行课堂教学活动的教学形态。这种崭新的课堂环境对教师信息化教学能力提出了更高的要求。

教学工作是高校教师的主要工作内容,教学能力的高低是高校教师素质的重要体现。教师的知识包括本体性知识(学科知识)、条件性知识(教育学、心理学、学科教学法等)与实践性知识三大类。实践性知识是指教师对自己的教育教学经验进行反思之后,提炼得出的教育教学经验总结。可以看出,教师信息化教学能力应该属于实践性知识的范畴。随着研究与实践的不断深入,研究者越来越发现实践性知识在课堂教学过程中的重要程度不低于本体性知识和条件性知识。在大学课堂生态系统中,课堂技术环境、物理环境和社会环境都发生了颠覆性的变化,课堂形态结构和营养结构也发生了根本性的变革。而且,这种以现代教育理论和现代信息技术为依托的教学环境已经成为大学课堂教学活动不可或缺的条件,并成为直接或间接影响教师"教"的效果和学生"学"的效果的重要因素之一。在信息化课堂环境下,教师信息化教学能力将时刻体现在课前（信息化教学设计）、课中（信息化教学实施）和课后（信息化教学评价）三个阶段的教学活动中,并直接影响着教师"教"的效果和学生"学"的效果,也必然会关系到大学生课堂满意度的高低。在课前的信息化教学设计环节,教师不仅要确立教学目标,明确具体的学习目标,要分析学生个性特点和设计学习任务,更要考虑选择合适的教学媒体和开发适宜的评估工具。做好课前的教学设计,接下来就要进入课堂教学的实施阶段。信息化课堂教学实施是按照信息化教学设计的要求,对教学活动进行实际展开的过程。课堂教学的实施需要依托于一定的教学方法,每一种教学方法都有优点和缺点,在不同的教学时间和不同的教学目标下需要借助不同的方法和策略。在进行信息化教学实施时,最重要的是要考虑所选择教学方法的可行性。例如：这门课程是否适合于运用翻转课堂进行教学？如何调整教室内的座位布局,更有利于合作式探究活动的开展？在不同的教学情境中对这些问题的回答是多种多样的。在教学实施结束之后,教师要注意收集学生方面的不同类型信息,收集的信息应主要包括学业成绩和学习态度两个方面,对收集到的这些信息进行分析和解释,以便于改进后续的教学活动。目前,越来越多的信息化教学评价工具逐渐受到高校教师的青睐。如教师可以运用概念图软件对学生进行课堂学习效果的动态评价,将学生制作的概念图与理想的概念图相比较,教师就能够发现学生在理解知识方面上的问题。还可以使用量规进行学生的自我评价和同学之间的互评,可以说量规使课堂教学评价实现了从"以教师为中心"向"以学生为中心"的转移,实现了从"教的知识"到"学的知识"上的转移。通过自我评价,学生能够对自己的作品质量有更客观的判断；而学生之间的互评,可以帮助学生加深对评价标准的认识,并看到自己的优势以及与其他同学之间的差距,这有利于激励学生不断努力和进行适时的学习反思。在进行信息化课堂教学评价时,可以根据具体情况采用多种不同的评估方法进行综合分析和评价。

2.3 高等教育生态系统理论

2.3.1 高等教育生态系统的内涵

所谓系统,指的是在一定边界范围内,由两个或两个以上相互联系和相互作用的组分构成的、具有某种特定功能并朝着某个特定目标运动发展的有机整体。美国生物学家贝塔朗菲(L.V. Bertalanfy)将系统定义为"处于一定的相互关系中并与环境发生关系的各组成部分(要素)的总体"。按照系统中是否有生物组分存在,可以将系统分为生命系统和机械系统两大类。生命系统由生物与环境两大部分构成,也就是我们所说的生态系统。1935年,英国植物生态学家坦斯利(A.G.Tansley)最早提出生态系统的概念,"生态系统不仅包括有机复合体,而且包括形成环境的整个物理因子复合体。我们对生物体的基本看法是,必须从根本上认识到有机体不能与它们的环境分开,而是与它们的环境形成一个自然系统,这种系统是地球表面上自然界的基本单位"。这一概念提出之后,生态系统作为一种理论受到了学界的普遍赞赏。后来,美国生态学家奥德姆(Eugene Pleasants Odum)给生态系统进行了更完整的界定:生态系统是指生物群落与生存环境之间,以及生物群落内的生物之间密切联系、相互作用,通过物质交换、能量转化和信息传递,成为占据一定空间、具有一定结构、执行一定功能的动态平衡整体。简而言之,生态系统就是在一定空间里,所有的生物(如动植物、微生物等)和非生物成分(如阳光、空气、水等)构成的一个相互作用的综合体。

生态系统是生态学研究的核心,是现代生态学的研究对象。近年来,国内学者对教育生态系统的研究在不断升温,越来越多的学者开始认识到教育生态系统在教育生态学研究中的重要性。高等教育生态系统是教育生态系统的子系统,由高等教育主体系统和生态环境系统所构成。高等教育生态系统作为一个统一的整体,其内部的高等教育主体与生态环境之间是一种互为依存、互为因果的辩证关系,这就是系统思想。系统思想的核心内涵是系统思维。系统思维以系统论作为基本的思维形态,要求把认识对象作为系统,从系统和要素、要素和要素、系统和环境的相互联系、相互作用中综合考察认识对象的一种思维方法。高等教育生态系统研究不同于一般的物理系统研究。高等教育生态系统研究的目标是多维的,环境是多变的,参数是粗糙的、不完全的、不确定的,而系统思维强调以整体观、全局观来研究和分析高等教育生态系统及其规律性,能够简化对高等教育生态系统的认知方式,有利于高等教育生态学研究的顺利开展。所以,高等教育生态系统原理实质上就是系统思想在高等教育领域的应用,是一种关于"整体性"和"相互联系性"的思想。在高等教育生态学研究中,这种强调"整体性"和"相互联系性"的系统思想重视高等教育主体与生态环境之间的事理关系,有利于发现高等教育中的生态规律,有利于找出高等教育领域存在的生态问题,从而实现高等教育生态学为高等教育学提供"医疗"服务的学科功能。

作为一个复杂的有机整体,高等教育生态系统的整体性是一种多样性的统一。要理解高等教育生态系统的整体性特质,必须要把握其系统多样性。高等教育生态系统多样性是保持高等教育生态系统稳定性的重要保障,主要体现在高等教育生态系统的结构多样性、物种多样性和遗传多样性三个方面。高等教育生态系统的多样性离不开其整体性,高等教育生态系统的整体性也离不开其多样性。首先,高等教育生态系统整体性是其多样性存在的基础依托。这主要体现在系统整体性总目标对系统多样性子目标的主导,和对系统多样性的发展方向、内部结构、功能组合、数量规模等的规范和限制方面。其次,高等教育生态系统的多样性是其整体性存在和发展的前提保障。对于一个生态系统来说,物种多样性越高,系统有序度越高,自我调节能力和抗干扰能力越强,则系统越稳定,越能够保持其系统整体性;反之,物种多样性越低,系统有序度越低,自我调节能力和抗干扰能力越弱,则系统越脆弱,越不利于保持其系统整体性。

2.3.2 高等教育生态系统与大学课堂生态系统

在自然界中,生态系统是一个具有层次特征的系统。高等教育生态系统作为一个集自然生态系统与人工生态系统为一体的复合生态系统,也具有明显的层次特征。依据观察视角的不同,可以将高等教育生态系统分为外部层次和内部层次。从外部来看,高等教育生态系统是教育生态系统的子系统,教育生态系统是社会生态系统的子系统,而社会生态系统又从属于自然生态系统。再来看高等教育生态系统的内部层次,从高等教育生态学研究的对象和主体出发,高等教育生态系统是由若干个子系统按照一定的秩序依次组成,可以从宏观、中观、微观三个层面对其进行层次划分。在宏观层面,可以称之为高等教育生态系统;在中观层面,可以将其分为高等学校生态系统、高等教育行政部门生态系统、高等教育培训机构生态系统和科研院所生态系统,其中高等学校生态系统是中观层面的核心生态系统;在微观层面,可以将高等学校生态系统分为高等学校课堂生态系统、高等学校招生生态系统、高等学校就业生态系统、高等学校管理生态系统、后勤服务生态系统和高等学校科研生态系统等,其中高等学校课堂生态系统是微观层面的核心生态系统。高等教育生态系统的层级模型如图 2-1 所示。

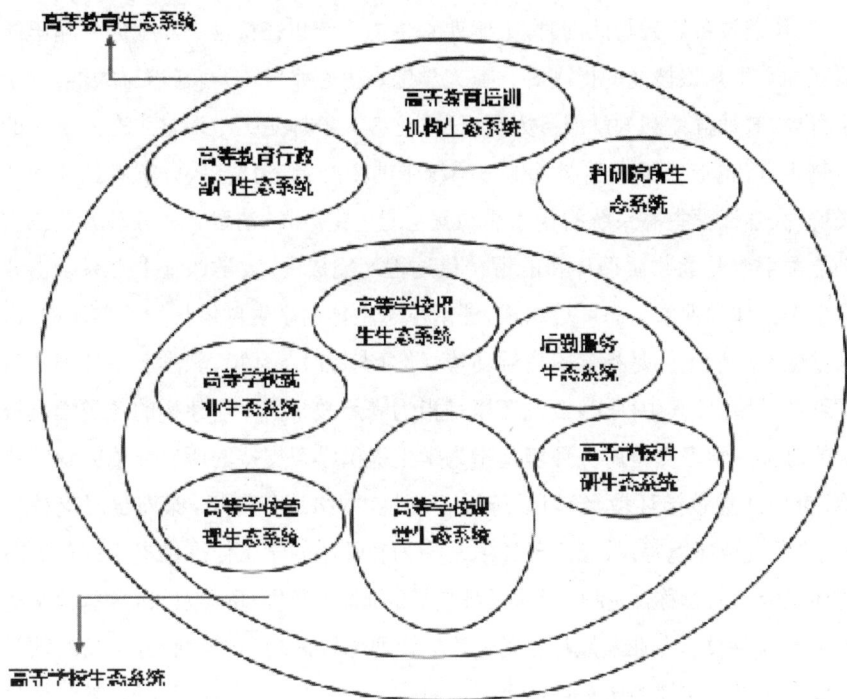

图 2-1 高等教育生态系统的层级模型

高等教育生态系统的层级模型直观而形象地展示了高等教育生态系统

与其他生态系统之间的层级关系。可以看出,高等学校生态系统是高等教育生态系统的子系统,而大学课堂生态系统是高等学校生态系统的子系统。在高等学校生态系统中,其构成要素有很多,有学生、教师、教学管理人员、教学服务人员等;也有仪器设备、政策法规、经济和文化环境等。我们可以将这些要素分成两类,一类是作为生物的人,如学生、教师、教学管理人员、教学服务人员等;另一类是作为非生物的环境,如仪器设备、政策法规、经济和文化环境等。高等学校生态系统包括生物组分和环境组分两大部分。其中,生物组分由学生、教师、教学服务人员构成。在同一生态系统中,种内关系指的是同一种群内部成员之间的相互作用,主要表现为互助关系和竞争关系;种间关系指的是分属于不同种群的成员之间的相互作用,主要表现为捕食关系、竞争关系、寄生关系和互利共生关系。大学课堂生态系统是一个开放的系统,需要外层的高等学校生态系统、高等教育生态系统不断地为其输入各类物质和能量(如教学经费、仪器设备等),与此同时,大学课堂生态系统也在持续不断地向外输出能量(如学生知识技能的提高等)。在大学课堂生态系统中,存在着三大群体:学生群体、教师群体和教学服务人员群体。这三大群体是大学课堂生态系统中的生物组分,也形成了大学课堂生态系统中的生产者、消费者、分解者三大功能类群,大学课堂生态系统的代谢活动就是通过生产者、消费者和分解者这三大功能类群参与的物质循环和能量转化过程而完成的。大学课堂生态系统由课堂生态主体和课堂生态环境组成,课堂生态主体由学生群体与教师群体构成,课堂生态环境主要是指学习资源环境、学习支持服务环境、教学服务环境和教学管理环境等。其中,学习资源环境是指为满足教学需要所建构的各类学习资源的总称;学习支持服务环境是指为学生提供学习支持的所有环境因素的总称,包括课堂教学环境、学习设施设备环境、网络运行环境、课外学习支持环境、信息资源环境等;教学服务环境是指为教师的教学工作提供支撑服务的所有环境因素的总称,包括信息服务环境、培训服务环境、资源建设环境、教学实施环境以及教师专业发展环境等;教学管理环境是指为教学服务人员的教学管理工作提供支撑的所有环境因素的总称,主要包括教学规范环境、教学信息发布环境、教学管理平台环境、教学评价环境等。[①]

---

①曾祥跃. 网络远程教育生态学[M]. 广州:中山大学出版社,2011:108-109.

2.4 教育生态平衡理论

2.4.1 教育生态平衡的内涵

1949年,美国环境思想学家威廉·福格特最早提出"生态平衡"这一名词,但他并未对其进行明确的内涵界定。生态平衡是一种动态平衡,是生态系统的一种相对稳定状态。当生态系统处于这一状态时,系统内的生物之间、生物与环境之间相互高度适应,物种的种群结构和数量比例会在一段较长时间里保持相对稳定状态,生产、消费和分解三者之间保持相互协调,系统与外界的能量流动、物质循环之间也处于相对的稳定状态。当这种平衡被打破时,就会出现生态系统的失衡,甚至威胁到人类的生存,这就是人们常说的"生态危机"。生态系统具有一定的自我调节能力,外界干扰压力较小时,生态系统一般可以通过负反馈机制实现自我修复,继续维持其整体的相对稳定;但是,当外界干扰压力使生态系统产生的变化超出其生态阈限时,这种自我调节能力就会失去作用,生态系统就会对外表现出结构破坏、功能受阻,甚至生态系统的整体崩溃。

系统是事物存在的普遍形式,从一个家庭到整个人类社会,都是以系统的形式存在的。系统思想告诉我们,在教育生态系统的边界确定之后,所有跨越边界进入该系统的流动都是系统输入;跨越边界离开该系统的流动都是系统输出。而如果要保持教育生态系统功能的正常发挥,就必须要保持整个系统的生态平衡。教育生态平衡是教育生态学研究的核心问题。教育生态系统是由教育主体(如教师、学生)和教育生态环境(如政策环境、人口环境等)构成的相互作用的动态系统,主要通过与系统外部进行能量流动、信息传递形成一定的教育营养结构,并实现系统内外的良性物质循环。教育生态系统也存在着平衡和失衡两种相对的状态。教育生态平衡主要包括教育生态系统结构的平衡、功能的平衡以及物质、能量输入输出的平衡等几个方面。其中,教育生态系统结构指的是系统内部组成要素之间相互联系、相互作用的方式,是各组成要素之间相互联系的关系总和,教育生态系统结构的平衡指由其各组成要素之间所建立起来的相互适应、相互协调的特定关系的总和。教育生态系统的结构合理性直接决定了教育生态系统的功能有效性,并能够影响到教育生态系统能量及物质的输入输出稳定性。教育生态平衡主要表现为教育生态系统与外部信息交换通畅、物质和能量的输入输出在一段较长时间里趋向相等。我们可以根据教育生态系统的结构和功能来把握教育领域的一些实质性问题,从教育结构来看,主要是观察教育生态系统的各个基本单元之间的比例关系;从教育功能来看,主要是分析教育生态系统的投入与产出之间的比例关系。当教育生态系统处于平衡状态时,它能够对外表现出运行高效、功能优异及与教育生态环境的良好协同,在外来干扰下能通过自我调节(或人为控制)恢复到原本的稳定状态。教育生态系统的自我调节能力也是具有一定限度的,这个限度就是教育生态系统的"生态阈限"。一旦外来干扰超越了这个"生态阈限",教育生态系统的自我调节功能就会降低或失效,随之而来的就是教育生态危机。从根本上说,教育事业的繁荣离不开物质支持,物质投入的多少在一定程度上决定了教育发展的规模和水平,即是说必要的物质和能量输入是教育生态系统平衡的重要前提,但是,判断教育生态系统是否健康稳定的根本标准还是要看其能否输出符合社会经济发展需要的人才、知识和科技成果。

2.4.2 教育生态平衡与大学课堂生态系统

生物生产是生态系统的重要功能。生态系统不断运转,生物有机体在能量代谢过程中,将能量、物质重新组合,形成新的生物产品的过程,称为生态系统生物生产。生物生产可以分为植物性生产和动物性生产两大类。对于教育生态系统来说,其生物生产就是人才培养的过程。人类在诞生之初,只是一个自然生物体。要使作为自然生物体的人适应这个社会,成为一个社会的人,进而能够在这个社会生态系统中生存和发展,这就必须要经过一系列复杂的转化过程。这个转化过程不能简单地理解为一种生理过程——人体机能的成长和成熟,也不能简单地理解为一种社会现象。从生态学的角度来看,这个转化过程是一个帮助自然人进化为社会人的过程。教育生态系统通过对自然人施加一定的教育影响,唤醒自然人体内存在的多种智能,使其在这些智能的协同作用下,独立适应社会,参加社会活动,并随着社会生态系统的发展而发展，成为一个真正的社会人。随着时代的发展，人类知识更新的速度日益加快，科学文化知识在一个比较短时期内呈现出急剧增长的趋势，这就使得教育生态系统的知识能源不断更新。所有被输入教育生态系统的科学文化知识，将在生物生产（人才培养）的过程中被学生所吸收，然后转化为人才素质，最后被重新带回社会，以服务于人类社会实践活动。而大学课堂就是教育生态系统进行人才培养的重要阵地。作为教育生态系统的子系统，大学课堂生态系统的平衡与失衡直接影响到整个教育生态系统的稳定性。大学课堂是一个微观的生态系统，因此也具有能量流动、物质循环和信息传递等生态系统功能。具体来说，大学课堂生态系统在形态结构上表现为教师、学生、课堂环境之间相互作用而形成的整体，在营养结构上表现为系统与外部环境的物质、能量、信息交换与传递，以及师生依靠教学活动完成系统内物质循环、能量流动和信息传递，从而维持系统的正常运行。

大学课堂生态系统生物生产过程所需的能源主要是课堂教学支持和科学文化知识。这两大能源在大学课堂生态系统的各个环节中时刻不停地流动转化，以保障该系统功能的正常运转。高等教育经费的分流和耗散其实就是高等教育生态系统内部各个子系统之间分配教育经费的过程。那些流入大学课堂生态系统的教育经费，其实是一种无形的投资，这种投资最终将获得一个生物生产（人才培养）的过程，并最终以培养出的人才作为能量的输出形式。不同于教育经费作为能量进行流动的过程，科学文化知识作为一种能量，是取之不尽用之不竭的，在大学课堂生态系统内部的流通过程中几乎不会消耗。而且，还能产生知识的富集作用，还会进行知识的再生产。大学课堂生态系统的能量流动主要是通过课堂教学生态链实现的。与自然界中的食物链不同，课堂教学生态链不仅存在着能量流的传递和转化，而且更多地表现为一种知识流的富集关系。[①]在这个知识流的富集过程中，不仅有横向的生态链，还有纵向的生态链，更有纵横交错的生态链。沿着这条课堂教学生态链，知识流在大学课堂生态系统能量流动的过程中产生了富集作用。需要注意的是，知识流的富集过程不是一条简单的直线，而是从薄到厚，再从厚到薄；膨胀与

①吴鼎福,诸文蔚. 教育生态学[M]. 南京:江苏教育出版社,1990:150-153.

收缩、扩展与概括相间的过程。所有被输入大学课堂生态系统的科学文化知识,都会在生物生产(人才培养)的过程中被学生吸收,但是其能量并没有消耗,这是科学文化知识在大学课堂生态系统中的流通特点。从上述分析可以看出,高等教育生态系统是大学课堂生态系统的外围支持系统,其能量分配直接影响到大学课堂生态系统的功能运转,也就关系到大学课堂生态系统的稳定与否;而大学课堂生态系统作为高等教育生态系统进行生物生产的主阵地,其系统稳定性也反过来影响着整个高等教育生态系统的平衡与稳定。

2.5 教育生态系统的协同进化理论

2.5.1 教育生态协同进化的内涵

在生态学里,生物物种之间存在着竞争和共生两种关系。竞争指的是两种或两种以上生物相互争夺资源和空间等的一种行为活动。竞争可以分为种间竞争和种内竞争。种间竞争指的是发生在不同种群生物之间的竞争。在一个生态系统中,每个物种根据其在时间、空间上所占据的位置及其与相关种群之间的功能关系与作用,占据与之相对应的生态位;一旦不同物种之间出现生态位重合的现象,就可能导致种间竞争。种内竞争指的是发生在同一种群生物内部的竞争。当种群内个体对同一资源的需求非常相似时,也会出现激烈的种内竞争。至于生物之间的共生关系,可以分为互利共生和偏利共生两种。互利共生指的是不同生物物种共同居住在一起,彼此依赖对方,这种生存方式对各方都有利;偏利共生则是一种纯粹的寄生关系,一个物种寄存在另一物种的体内或体表,依靠摄取寄主的养分以维持自身的生活。无论是竞争,还是共生,从进化生态学的观点来看,其最终的结果都是生物物种的协同进化。

对于教育生态系统来说,教育主体之间也存在着竞争或共生关系。与自然界生物之间的生存竞争相似,教育生态主体间的竞争是发生在同一层次的教育主体之间,也就是说,只有处于同一生态位的教育主体之间才会出现竞争。例如,在教育生态系统内,每个学科均占有一定的生态位,当两个学科利用或占有同一资源时,就会出现生态位重叠现象,即有一部分资源被共同占有。如果两个学科的生态位完全重叠,那么就一定会爆发激烈的学科竞争,而拥有部分重叠生态位的学科之间也很可能会产生学科间的竞争。在教育生态实践过程中,生态位部分重叠的学科常常会积极寻求自身不同于其他学科的特质,有意识地将自身生态位与其他学科的生态位分离,以避免学科间的恶性竞争。还有另一种情况,学科间的良性竞争往往是被鼓励的。而且,教育生态系统内的良性竞争与共生发展是形影相随的,无论教育生态主体之间是竞争关系,还是共生关系,最后都将指向整个教育生态系统的协同进化。还是以高等教育的学科发展为例,每个学科均占有一定的高等教育资源,其所占的资源总量被称为这个学科的生态位宽度。在学科竞争中处于优势的学科往往生态位较宽,处于劣势的学科往往生态位较窄。除了通过改变生态环境来改变生态位宽度这个生态对策,生态位较窄的学科往往通过对特定范围的生源和人才需求市场类型满足能力强,即采取生态位特化这一对策来提升自身的竞争能力;而生态位较宽的学科会以满足更大范围生源和人才需求的基本满足能力作为学科立足点,即通过生态位泛化策略保持自身的竞争力。这种良性的许可竞争在很大程度上促进了多个学科的生态演替,实现了多个学科间的协同进化。教育生态系统的协同进化除了包括系统内部的教育个体之间、教育群体之间以及各种教育生态因子之间的协同进化,同时也包括周围生态环境中相关的教育生态因子之间的协同进化,以及不同地域间教育生态系统的协同进化。总之,教育生态系统的进化就是沿着生态结构的逐渐复杂、生态功能的日渐完善而从低级生态系统不断向高级生态系统进化。

2.5.2 大学课堂生态系统的协同进化机制

在传统的大学课堂中,教师处于课堂教学的中心地位,学生则处于被动和附属的位置,这种状况不利于高等教育人才培养质量的提高。在课堂教学为考试服务的前提下,教育的真正目的往往被淡忘,取而代之的是教育的世俗化和功利化,师生关系也被简单地理解为"管理—被管理""要求—被要求"以及"控制—被控制"的关系。而且,师生之间的情感交流极其缺乏,课堂的师生互动也往往停留在知识层面的交往,很少会发生真实的精神交流和沟通。久而久之,这种被动控制式的师生交流方式使得课堂氛围也越来越沉闷和枯燥,良性师生关系的构建也越来越难。

大学课堂是一个完整的微型生态系统,课堂生态主体(教师、学生)与课堂生态环境之间、课堂生态主体与课堂生态主体之间存在着各种联系,从而形成一个有机的整体。在大学课堂生态系统中,各组成要素之间通过不断的物质循环、能量流动和信息传递,产生相互联系和影响,并各自发挥着维护大学课堂生态平衡的作用,使课堂生态主体与课堂生态环境之间、课堂生态主体与课堂生态主体之间和谐共处。传统的学校教育模式是以教师为中心的,学生学习的主动性与积极性得不到充分发挥,学习变成一件痛苦的事情,并导致师生关系的异化。在理想的课堂生态系统中,师生之间应该是基于生态教育思想指导下的平等关系,师生之间的交往应该是追求相互理解和支持。因此,理想状态下的大学课堂应该是顺应学生的"自然生长",适应师生生命成长需要的"自长"与"助长"有机结合的课堂,是自主、自学、自由的课堂,也是生存、生长、生成的课堂。理想状态下的大学课堂师生关系应该是一种互助的生态关系,课堂生态研究也正是通过实施多样化的教学策略,构建平衡、协同、和谐的课堂教学环境,从而达成理想中的生态课堂。在课堂中,教师和学生在不断的相互启发和思维碰撞过程中,不断地深化彼此的认识,并进而达成课堂师生之间的教学相长。这个教学相长的结果,也就是获得了生态学意义上的互助。

2.6 结构方程模型理论

2.6.1 结构方程模型的内涵

结构方程模型实质上是一种广义的一般线性模型。结构方程模型中有两个基本的模型:测量模型与结构模型。测量模型由观察变量与潜在变量组成,结构模型即是潜在变量之间因果关系模型的说明。[①]所谓观察变量是指通过

---

①吴明隆. 结构方程模型——AMOS 的操作与应用[M]. 重庆:重庆大学出版社,2010:8.

量表或问卷等测量工具所获得的数据,是可以被观测与测量的变量;潜在变量则是那些无法直接观测与测量,只能通过观察变量测得的数据资料来反映的变量;潜在变量又分为外生潜在变量与内生潜在变量,前者是假设的因,后者是假设的果。因此结构方程模型也被称为潜在变量模型,是一种用来检验观察变量和潜在变量之间关系的多元统计方法,它融合了传统多变量统计分析中的"因素分析"与"线性模型之回归分析"的统计技术,对于各种因果模型可以进行模型辨识、估计与验证。[①]

传统的回归分析主要是针对每个变量进行逐一计算,在计算对某一个变量的影响或关系时,往往忽略了多个变量之间的相互联系。而且传统的回归分析或路径分析只允许因变量存在误差,而将自变量设为确定的。相比而言,结构方程模型则可以同时处理多个因变量,可以同时考虑多个因变量之间的相互影响;结构方程模型还允许自变量和因变量都存在测量误差,而且变量也可以用多个指标测量。在结构方程模型分析中,计算潜在变量和测量指标的因子得分与计算潜在变量之间的相关系数同时进行,即因子与指标之间的关系和因子与因子之间的关系同时得到考虑。在传统分析中,往往只允许一个指标从属于单一因子,而结构方程模型分析允许一个指标从属于多个因子或考虑误差高阶因子等有比较复杂的从属关系的模型。在传统分析中,往往只估计每一路径变量间关系的强弱,而结构方程模型分析除了对参数的估计,还可以计算不同模型对同一样本数据的整体拟合程度,从而判断哪一个模型更接近数据真实呈现的关系。也就是说,结构方程模型的建构,首先要从研究的实际问题出发构建初始模型 E,再经过推论和假设形成一个关于一组变量之间的相互关系模型;然后经过测量,获得一组观测变量数据和基于此数据而形成的协方差矩阵 S;最后经过对初始模型 E 和协方差矩阵 S 的验证,得到比较合理的结构方程模型。

2.6.2 结构方程模型与大学课堂生态研究

我国著名生态学家马世骏先生认为,生态学是研究生命系统和其周围环

---

①王景贤. 大学生体育学习满意度结构方程模型研究[M]. 北京:北京体育大学出版社,2014:45-46.

境系统之间相互关系的科学。[①]所以,我们对于大学课堂生态系统的研究也是围绕着这个系统中的生命体(教师、学生)与课堂生态环境之间的关系而开展的。但是,大学课堂生态系统作为一个人工的生态系统,课堂的教育学属性也一再告诫我们,学生群体才是决定大学课堂生态系统是否稳定和平衡的关键所在。究其根本,课堂是为了学生的身心发展而存在的,离开了学生的发展,课堂也就失去了存在的必要性。所以,大学生对于课堂学习的满意程度能够在很大程度上反映出大学生的课堂学习收获情况。在服务性行业中,顾客满意度评价是一种把定量和定性分析方法相结合,利用一个具有因果关系的结构方程模型,并建立对产品质量和服务满意的一个测量指标体系形成调查问卷,收集数据,得出顾客满意指数得分,并且找出满意与不满意的内容,进一步改善其产品和服务质量。如今,满意度理论被引入到高等教育研究领域,认为大学生满意度就是对于高校服务质量的满意程度,即测量高校教育质量和服务质量满意水平的量化评价指标。对于本研究来说,大学生课堂学习收获究竟处于怎样的状况也是要看大学生对于课堂提供的产品和服务的可感知效果与自身期望值比较之后所形成的感觉状况。大学生课堂学习收获调查主要是通过大学生对大学课堂学习质量满意程度的量化统计指标测量,找出大学生在课堂学习过程中的实际感受与期望感受之间比较的实际程度,从而对大学生的课堂学习收获情况进行综合性评价。

传统的 SPSS 统计分析主要包括描述性统计和推断性统计两大类。描述性统计主要探讨如何根据调查中获得的大量数据描述一组数据的全貌,表达事物的性质,即是对所收集的数据资料进行加工整理、综述概括,通过直观或非直观的形式对资料进行分析和描述。这种描述统计是统计分析的基础工作,便于研究者对受试者的特征有一个总体的清晰把握,为进一步分析数据打下了良好的基础,所以在本研究中也会借助 SPSS 首先进行调查数据的描述性分析,以便于对数据资料有一个整体的把握。而推断性统计主要研究如何通过局部数据所提供的信息,经过概括性的分析和论证,在一定可靠程度上推断总体的情形。需要注意的是,借助 SPSS 进行的推断性统计需要研究样

---

①曹凑贵.生态学概论[M].北京:高等教育出版社,2006:2.

本符合正态分布,而且 SPSS 主要适用于显性变量之间的关系研究。如 SPSS 中的回归分析和相关性分析等只能处理有观察值的变量,而且还要假定其观察值不存在测量误差,所以 SPSS 还不足以用来探讨多变量与潜在变量等综合相关因素。而在本研究中,大学生课堂学习收获情况主要是通过大学生的课堂学习满意度来加以度量的,而"满意度"是一个抽象的概念,我们无法直接得知,只能以量表或观察得到的实际指标数值来间接获得学生课堂学习的满意程度。也就是说,在大学课堂生态研究的过程中,我们不可避免地要进行综合影响因素的分析。而单纯依靠传统的 SPSS 统计分析方法是难以测量和分析诸多潜在变量之间的关系的,所以我们必须还要借助于其他的工具。结构方程分析则整好契合了我们的需求。

与传统的统计分析方法不同,结构方程模型是一种可以将测量与分析整合为一的计量研究技术,它可以同时估计模型中的测量指标、潜在变量,不仅可以估计测量过程中指标变量的测量误差,也可以评估测量的信度和效度。结构方程分析是一种验证性的统计方法,它融合了传统多变量统计分析中的"因素分析"与"线性模型之回归分析"的统计技术,对于各种因果模型可以进行模型辨识、估计和验证。作为一种呈现客观状态的数学模型,结构方程模型主要用来检验观察变量与潜在变量之间的假设关系,处理的是整体模型契合度的程度。在本研究中,借助于结构方程模型,将有助于分析多个潜在变量与潜在变量之间的相互影响关系,有利于我们找出信息化相关因子对大学生课堂学习收获的影响程度等问题。

第3章 信息化对大学课堂生态系统的影响

3.1 大学课堂生态系统的组分与结构

3.1.1 大学课堂生态系统的组分

生态系统包括生物组分和无机环境组分两大部分,其中的生物组分包括生产者、消费者和分解者三种子要素,环境则是指直接或间接影响生物组分生存与活动的外部条件的总和。在自然生态系统中,能量流动是借助于食物链和食物网来实现的,食物链是使自然生态系统保持生机和活力的纽带。食物链规定了生产者、消费者、生产者之间的层级关系以及相互作用,这种关系的发生是按照对不同生物的食物需求方式而联系起来的。同样地,大学课堂生态系统也是由生物组分和无机环境组分所组成的,其中的生物组分主要是指教师、学生和教学支持人员等,他们也是以生产者、消费者和分解者的角色共同维护着大学课堂生态系统的功能运转,而无机环境组分则是指大学课堂的技术环境、物理环境和社会环境。

1. 生产者

生产者是指能够利用无机物制造有机物的自养生物,这些自养生物能够将环境中的无机物合成为有机物,并把环境中的能量以化学能的形式固定到有机体内。与自然生态系统不同,课堂生态系统是一个典型的人工生态系统。课堂生态系统中的生物成员是被按照一定标准筛选出来的,并不是任意生物个体或群体都被允许进入这个系统；而且，课堂环境也是围绕着一定的教育目的而专门设计出来的，属于典型的人工环境。对于大学课堂生态系统来说，能量主要是以知识流的形式来展现的，生产者指的是能够按照一定的课堂教学目标，将环境中的知识信息进行加工处理使其适宜课堂教与学活动的个体或群体。在传统的大学课堂中，教师掌控了整个课堂的信息来源，教师的讲课就是一个信息传递的过程，学生主要是通过听课和做笔记来达到接受信息的目的。因此，在传统的大学课堂生态系统中，教师是以生产者的身份存在的。但是，对于大学课堂这个特殊的生态系统来说，教学目标不是固定不变的，所以生产者也不会是一成不变的。而且，随着信息技术与大学课堂教学的深度融合，信息化的课堂环境已经促使师生之间的关系发生了一定的转变，推动着越来越多的学生成为生产者中的一员。

2. 消费者

消费者是指直接或间接利用绿色植物有机物作为食物源的异养生物，也就是说，消费者是依赖于生产者为其提供食物来源而生存的。虽然消费者不能自食其力，不能制造有机物，但它在推动生态系统的物质循环和能量流动的过程中，也是一个不可或缺的环节。如果没有消费者的存在，分解者的还原过程将会大大增加，这就会进一步影响到生态系统的物质循环和能量流动，降低生态系统的机能。在传统的大学课堂中，教师讲课的过程就是知识流的流动转移过程。教师是课堂生态系统中的生产者，学生在课堂中处于被动接受的状态，基本上没有参与知识信息的加工处理之类的活动，所以学生应该是消费者。虽然从理论上来讲，可能存在着没有消费者的生态系统，但对于大学课堂生态系统而言，作为消费者的学生是整个系统的重要组成部分，直接影响着课堂生态系统的生存和稳定。试想，如果没有学生，作为生产者的教师讲授的知识信息将无法流动，也就是说，大学课堂生态系统没有了能量流动，也没有了信息传递，相应地，也会很快失去物质的循环。在这种情况下，大学课堂的生态系统将不复存在。进入信息化时代，学生依然会是课堂生态系统中的消费者，但学生并不是被动地"消费"知识信息，而是在教师加工基础之上对知识信息进行了再加工，即进行了知识的重新建构，实现了新知识与原有经验的顺应与同化。

3. 分解者

分解者也被称为还原者,属于异养生物。在生态系统中,分解者主要负责把复杂的有机物分解为简单的无机物,同时把有机物中的化学能转化为热能,并将这些无机物和热能释放归还到环境中,供生产者再度吸收利用。分解者在生态系统的能量转化和物质循环利用过程中起着巨大的作用。在大学课堂生态系统中,主导因子不是固定的。在不同的课堂教学目标或教学环境下,主导因子是可以发生转化的。那么,正是由于大学课堂生态系统中存在着不确定的主导因子,就使得无法在系统中严格区分出生产者、消费者和分解者的角色。这也可以看作是课堂生态系统不同于其他生态系统的特殊之处。在传统的大学课堂中,教师是课堂的主导因子,教师是生产者,学生是消费者,整个课堂教学过程是"跟着教材走"。只有教材变了,教师的课堂教学内容才会跟着变,所以,这个系统的分解者应该是教材的编写者。伴随着信息化的发展,大学课堂生态环境发生了翻天覆地的变化,教材不再是课堂教学内容的唯一来源,教师拥有了更多的教学自主权,学生也有了更多的课堂参与权,分解者也就不仅仅是教材的编写者,教师和学生开始共同承担着信息的加工、传递和分解,将生产、消费和分解融合为一体。

4. 非生物环境

非生物环境是生态系统中生物赖以生存的活动场所,也是生物生存所需的物质和能量源泉所在。这些环境因素是潜在的生产力,虽然非生物环境自身不能构成产品,但生物却能够从环境中获得物质和能量,以保证生物在生态系统中的生存和发展。因此,非生物环境也是直接关系到生物群落存在和发展的重要生态因子。课堂作为高等学校开展教育教学活动的重要场所,直接影响着教师和学生在其中开展以课堂教学为主体的各种活动。传统意义上的"课堂"一词专指实体形式的课堂,是教师教学和学生学习的现实场所,黑板、粉笔和印刷材料是传统课堂中的主要技术环境,有时会用到幻灯、投影、电视等电声媒体来辅助教学。随着教育信息化的不断推进,以智能机器人、虚拟现实、3D打印机为代表的一批智能信息技术设备构筑成新型的大学课堂技术环境,在线教育、翻转课堂、微课程等以网络信息技术应用为支撑的新型教育模式越来越受到关注。信息化环境下的大学课堂既能提供多种媒体形式、多屏显示和无线上网,还能实现分区学习、协作和互动等。除了技术环境,信息化环境下的大学课堂还非常注重学习者的个性体验,考虑课堂环境构成要素之间的关系是否会影响到课堂教与学的效果。可以看出,信息化课堂环境更加关注课堂生态主体的自由和个性发展,在课堂环境设计上更多地体现出人性化关怀,比如:教室里的课桌椅采取多种拼装组合方式,教师和学生可以自主进行桌椅组合,从而满足不同课堂环境下的学习和交流需求。

3.1.2 大学课堂生态系统的结构

在生态系统内,各生物组分会与非生物环境之间通过物质循环、能量流动的形式产生相互影响,并在这种影响的作用下处于相对稳定的有序状态。生态系统的结构主要指构成生态诸要素及其量比关系,各组分在时间、空间上的分布,以及各组分间能量、物质、信息流的途径与传递关系。一般情况下,生态系统的结构主要包括形态结构和营养结构两个方面。

1. 大学课堂生态系统的形态结构

形态结构是生态系统作为一个统一整体的基本骨架,它不仅影响着生态系统营养结构的形成,而且对系统内的能量转化方式、物质循环利用和信息传递途径都会产生导向作用。一般来说,生态系统的形态结构是指生态系统的生物种类、种群数量、种的空间配置和群落的时间变化,可以从内部基本构造和外部形态两个方面来进行理解。内部基本构造是指生态系统中的生物组分和环境组分之间的相互作用,外部形态由于受到营养结构的影响而时常呈现出不同的外在状态,难以用直观的图形表示,所以,我们在谈到生态系统的形态结构时,一般指的是该生态系统的内部基本构造。大学课堂生态系统的形态结构是指在一定时空内存在的师生数量、师生关系、课堂环境等生物学信息,可以简化为人(课堂生态主体)和环境(课堂生态环境)两个维度,其中,"人"分为教师和学生,环境可以分为教材、教学媒体、教学手段、教室布置、师生关系、规章制度等。大学课堂生态系统的基本形态结构如图 3-1 所示。这些生态因子之间不断相互作用、相互影响、相互依赖,从而共同构成大学课堂这样一个生态系统。在大学课堂生态系统中,教师和学生是两大物种,物种个体的集合就分别形成了教师群体和学生群体,并成为该生态系统中的生物组分。同时,大学课堂生态系统是社会生态系统的子系统,教师和学生通过扮演一定的社会角色进行社会交往,产生相互作用,最终以课堂教学互动的形式予以体现。

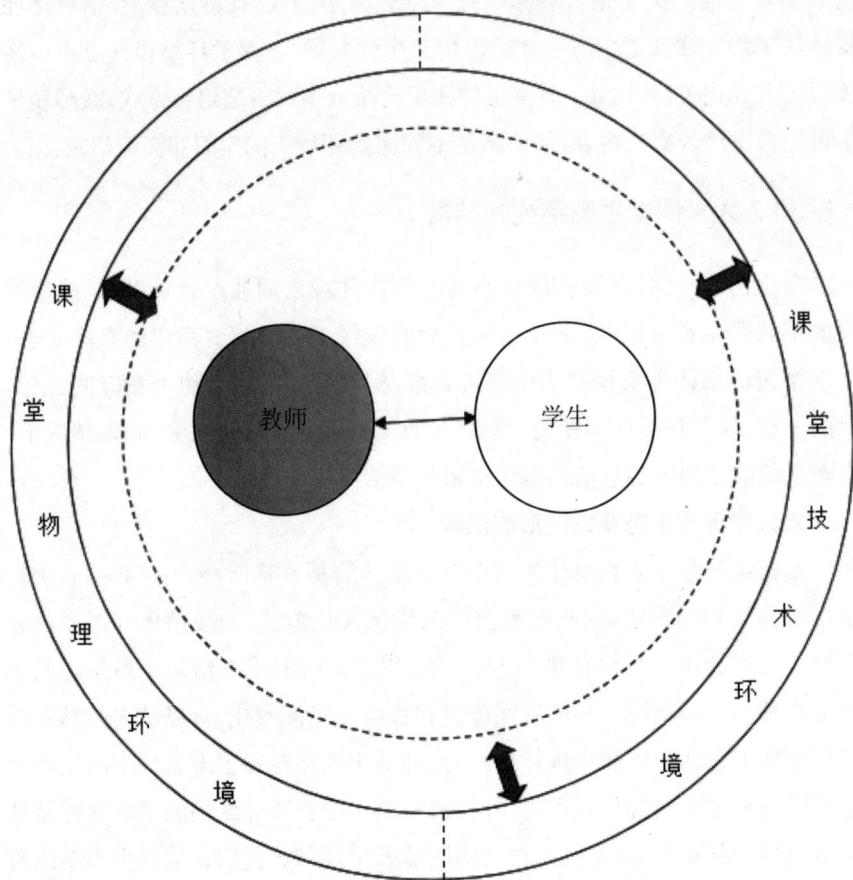

图 3-1　大学课堂生态系统的基本形态结构

2.大学课堂生态系统的营养结构

营养结构不仅维持着生态系统的相对平衡,而且会直接影响整个生态系统的稳定和可持续发展。生态系统的营养结构是指生产者、消费者、分解者为中心,以营养为纽带,把生物和非生物环境紧密结合起来而形成的结构关系,其实质上是由生物食物链所形成的食物网所构成的。在自然界中,生态系统的营养供求关系是通过生物之间的食物链形式来实现的。对于课堂生态系统来说,其营养结构是指师生、生生之间借助一定的媒介建立起来的信息供求关系。在大学课堂生态系统中,生产者主要负责课前的精心"预设"和课堂的动态"生成",将来自外部世界和自我经历的信息消化转换,以消费者能够吸收的方式通过课堂环境传递给消费者;消费者通过生产者提供的信息和能量来获取自身需要的资源,但不参与课堂活动的"预设"或"生成";分解者通过课堂教学活动获取所需信息资源,实现自身的知识重构,然后,将生成的新能量、新信息反馈给大学课堂生态系统,从而使生产者不断获得持续的能量和信息支持,以实现大学课堂生态系统的良性循环和发展。大学课堂生态系统的基本营养结构如图 3-2 所示。需要注意的是,在信息化环境下,教师是系统内部知识信息的主要生产者,但不再是唯一的生产者,课堂环境中的某些因素(如学生、计算机网络等)也可以成为信息的来源。而且,学生不仅仅是知识信息的消费者,还有可能在一定情况下成为生态系统中的生产者和分解者。

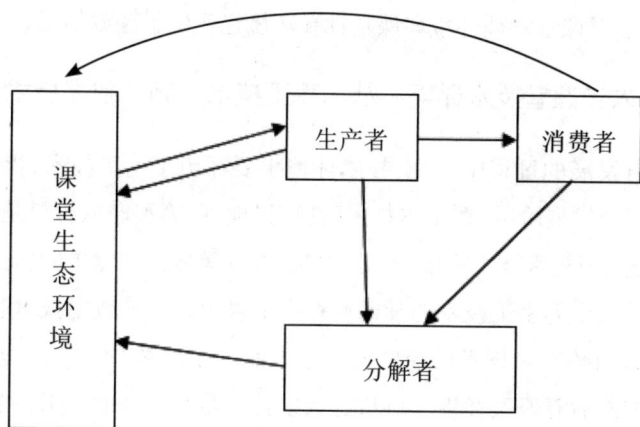

图 3-2　大学课堂生态系统的基本营养结构

3.2 信息化对大学课堂生态环境的影响

大学课堂生态系统是由教师、学生和课堂生态环境共同组成的,课堂生态环境主要包括课堂技术环境、课堂物理环境和课堂社会环境。课堂技术环境是指在课堂教学活动中,为促进课堂学习效果而采用的所有教学支持与服务工具的总和;课堂物理环境指的是在课堂教学活动过程中,对课堂生态主体产生直接或间接影响的物质的存在状态,是自然要素、物质要素和空间布局要素综合作用的产物;课堂社会环境则主要是指课堂中各生态主体之间相互作用而形成的师生、生生之间的互动关系,这种互动关系所产生的气氛、结构等要素会对课堂教学效果产生强大的影响力。随着教育信息化进程的不断加快,课堂技术环境发生了翻天覆地的变化。而且,教育信息化通过改变课堂的技术环境,对课堂物理环境和课堂社会环境也产生了深刻的影响。

3.2.1 大学课堂技术环境:从"手工技术"到"数字技术"

在教育发展的过程中,课堂技术环境主要经历了手工技术、视听技术和数字技术三个发展阶段。在手工技术阶段,黑板、粉笔和印刷材料是主要的课堂技术环境;在视听技术阶段,幻灯、广播、电视等成为课堂中的新技术,但这些新技术只是作为手工技术的辅助而存在;再到如今的数字技术时代,以计算机为核心的数字化技术已经成为课堂中的主导技术,各种新的教学模式、教学方法如雨后春笋般涌现,可以说,数字技术是对曾经的手工技术、试听技术的全面整合和颠覆。梳理教育技术的发展历程发现,计算机和通信技术使互联网的发展成为可能,互联网及其相关的技术在教育教学中的使用和影响已经超越了之前的所有发展阶段,信息时代也由此而诞生。20世纪,互联网、信息和通信技术的发展促进了数字资源库的建立,互联网在教育中的潜力也日益显现,形成了基于网络空间的数字化学习课程。进入21世纪之后,云计算、大规模开放在线课程(MOOCs)、社交网络、智能移动终端、大数据、虚拟现实(VR)和增强现实(AR)等新的技术已经或即将对课堂教学产生新的影响。现在,信息技术已经成为最基本的课堂技术环境,智能机器人、无人机、虚拟现实（VR）、3D打印机等也陆续走进课堂，成为各级各类学校教育信息化建设的新配置。北京师范大学教育学部移动学习实验室副主任蔡苏表示，VR技术尤其适用于现实生活中不能展示的，或者展示成本较高、效果不好的那些领域；北京大学教育学院尚俊杰副教授认为，VR技术与游戏化学习、情景化学习、协作学习等多种手段相结合，能够有效解决许多以前无法解决的教育问题，并激发学生的主动学习兴趣。[①]还有学校将3D打印技术与学科教学相结合，借助3D打印技术构筑起新颖、直观的立体课堂。比如，福建莆田一中的英语视听课上，学生先观看科幻灾难电影《2012》，教师引导学生搜索"已经消失的庞贝古城"，再用3D打印机进行"古城还原"，使学生对灾难产生最直观、最逼真的体验，然后再引导学生用英语描述对于影片内容的切身感受。通过这种形式，不仅对学生进行了智育培养，还能对学生进行情感和价值观教育。

3.2.2 大学课堂物理环境：从"整齐化"到"个性化"

具体来说，课堂物理环境主要是指教室内的座位编排方式、空间布置、卫生、温度、色彩、照明等时空环境和物品摆放、墙壁装饰等物质要素。作为课堂物理环境的重要元素之一，教室座位所具备的独特教育功能已经为学界所关注。教室座位编排方式以及学生在教室中所处的不同座位，会潜在地影响课堂氛围，甚至会影响到学生的学业成绩和个性发展。在传统的课堂环境中，我国的教室座位排列方式以"秧田式"为主，即教师的讲台放在最前面，下面整齐地排列着学生的课桌椅。这种"秧田式"座位编排有利于突出教师的课堂权威地位，教师以讲台、讲桌附近的空间作为主要活动区，便于对学生课堂行为进行有效监控，是适合于班级授课制的一种教室布置方式。

如今，技术环境的变革对课堂物理环境提出了新的要求，"秧田式"座位已经不能适应信息化时代的课堂需求。随着云平台、网络学习空间、大数据等先进技术的飞速发展，信息技术与课堂教学的深度融合成为教育信息化进程中的一项重要任务，课堂形式也亟须从"知识课堂"向"智慧课堂"转变，

---

①陈莹.VR+教育，你看到了什么[N]. 北京：科技日报，2016-6-15(5).

智慧课堂是一种将技术融入教学中,构建个性化、智能化、数字化的课堂学习环境,以有效促进学生智慧能力培养的新型课堂。为了适应智慧课堂对课堂物理环境的要求,很多学校开始尝试对传统教室进行改造。以对外经济贸易大学为例,该校将一间普通教室改造成一个多功能教室,在这个多功能教室里有两排推拉式的隔板和多个可自由移动的白板,教师可以根据课堂规模把教室分割成不同的大小空间;这个教室里没有桌子,椅子是可以自由移动、带书写板的 node 椅,node 椅的前后有两个可移动的液晶电视屏幕,屏幕下方安装有一个接收盒子,通过这个盒子可以把任何设备上的内容同步到液晶屏幕上。可以看出,在新的课堂技术环境下,课堂物理环境也将逐渐实现从灌输型课堂的"整齐化"向智慧型课堂的"个性化"转变。

3.2.3 大学课堂社会环境:从"教师中心"到"学生中心"

在传统的教室环境中,教师和学生之间处于一种隐形的分离状态,"秧田式"的座位无形中塑造着教师和讲台的课堂中心地位,学生必须要遵从于教师的权威地位。这时,教师是传统课堂中最重要的信息来源,是整个课堂的中心。因此,传统课堂是以教师为主体的,学生处于一种被动接受的状态。而在如今的课堂中,基于多媒体计算机技术、网络技术的现代信息技术已经成为最典型的课堂技术环境,教师不再是课堂信息的唯一来源,教师的课堂中心地位也随之受到挑战。而且,个性化的课堂物理环境和数字化的课堂技术环境也催生了多种新型的教学模式和教学方法,课堂中的师生关系也逐渐发生了从"教师中心"到"学生中心"的转变。

以翻转课堂为例,翻转课堂包括在线学习和课堂学习两个阶段。首先,教师在课前将学习资源分发给学生,学生通过网络进行自主学习,如观看微课、阅读电子书等;当然,还可以在网络上与其他同学进行交流,并能在任何时间查阅需要的资料。然后是课堂学习,这个过程以师生、生生之间的互动为主要学习形式,教师重点针对学生课前学习发现的问题进行引导和答疑,进而帮助学生建构自己的知识体系。可以看出,翻转课堂其实就是改变了传统教学过程中的顺序,这是对传统课堂教学的一种颠覆。翻转课堂把学习的主动权交给了学生,让学生自主安排学习进度和节奏,而教师是学生学习过程中的引导者和服务者,通过引导来帮助学生发现问题和解决问题。翻转课堂将学习的主动权从教师转移给学生,学生在课堂上可以更专注于主动的基于项目的学习,更多地与教师、其他学生之间进行讨论交流,共同研究和解决自主学习中的重难点问题,从而获得更深层次的理解。可以说,翻转课堂充分体现了学生的课堂主体地位,并强调了教师的课堂引导作用。在新的技术环境下,以翻转课堂为代表的新型教学模式主要是利用新的技术工具来对传统课堂教学环节、流程、步骤等进行重构,以实现将课堂学习主动权交还给学生的最终目的。

3.3 信息化对大学课堂生态结构的影响

系统指的是在一定边界范围内,由两个或两个以上相互联系和相互作用的组分构成的、具有某种特定功能并朝着某个特定目标运动发展的有机整体。从系统论的观点来看,课堂就是一个由教师、学生和课堂生态环境共同组成的微观生态系统,即课堂生态系统。课堂生态环境对课堂生态系统的稳定和可持续发展起着至关重要的制约作用。更需要引起重视的是,信息化带给课堂生态环境的这一系列变革,也使课堂生态系统的结构发生了巨大的变化。

3.3.1 信息化对大学课堂形态结构的影响

大学课堂生态系统的形态结构是指在一定时空内存在的师生数量、师生关系、课堂环境等生物学信息。在课堂生态系统中,教师和学生是两大物种,物种个体的集合就分别形成了教师群体和学生群体,并成为该生态系统中的生物组分。在传统课堂中,课堂教学是一种以教师为中心、以教材为本位、以教案为“指挥棒”的知识灌输过程。在传统课堂中,社会交往主要体现在教师与学生之间的交往,学生与学生之间的交往是被明令禁止的,如图3-3所示。事实上,在教师权威控制下的传统课堂里,教师直接控制了课堂中的社会交流模式,原本被提倡的师生交往也演变成教师问、学生答的被动交流,课堂师生交往演变成教师强化知识灌输的工具,而失去了其应有的意义。

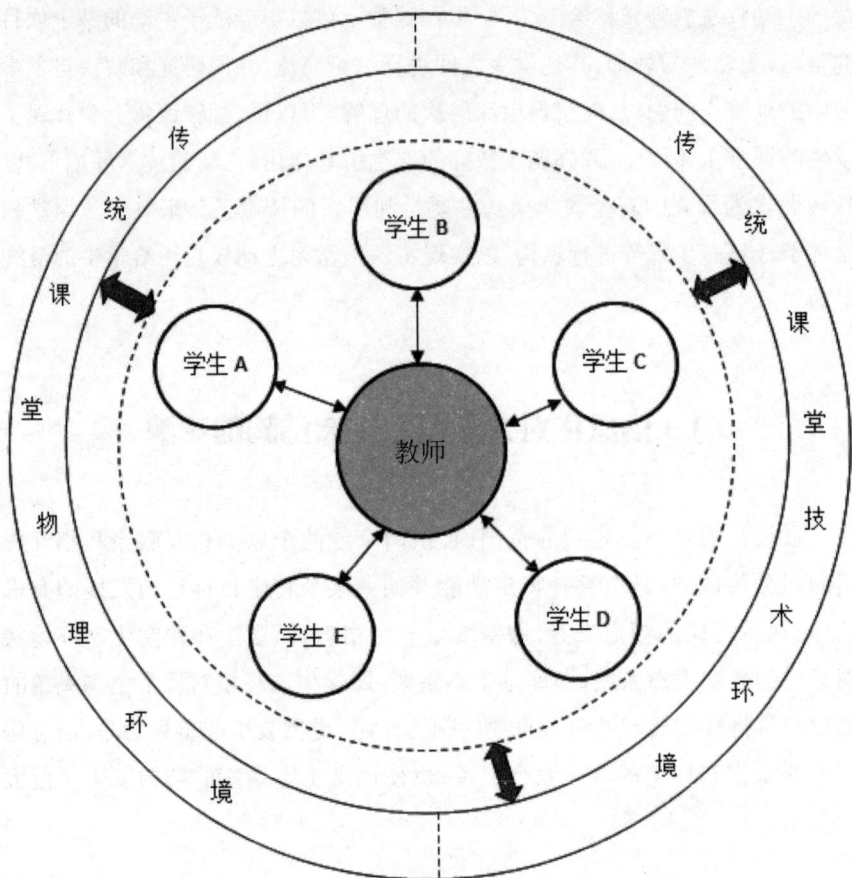

图3-3　传统大学课堂生态系统的形态结构

现代信息技术进入课堂之后,教学信息的传递方式发生了巨大的变化,课堂社会交往转变为师生、生生之间的多向信息交流,如图3-4所示。在数字化的课堂环境下,信息技术创新了课堂中教师和学生之间的交往渠道,师生、生生之间除了以往的面对面沟通方式,还可以通过网络实现课堂外的不间断交互,大大拓展了传统课堂的边界。而且,学生与学生之间也可以通过数字化设备进行学习交流与协作,建立学习共同体。同时,学生除了通过课堂学习,还可以通过电脑、手机等设备进行自主学习,教师和教材不再是知识的唯一来源,教师的知识权威地位随之下降。从图3-4可以看出,在课堂社会交往活动中,教师不再处于中心地位,学生开始在课堂中拥有更多的话语权和主动权;

教师在传统课堂中的霸权地位已经动摇，教师角色开始向引导者、服务者、支持者的身份转变。教育信息化对大学课堂生态系统形态结构的这一改变可以说是对传统课堂的颠覆性变革，对教师的课堂意识提出了更高的要求。面对教育信息化的快速推进，有的教师还没有及时转变陈旧的课堂观念，不能适应信息技术带给课堂环境的改变，以至于出现了一些新的课堂生态问题。

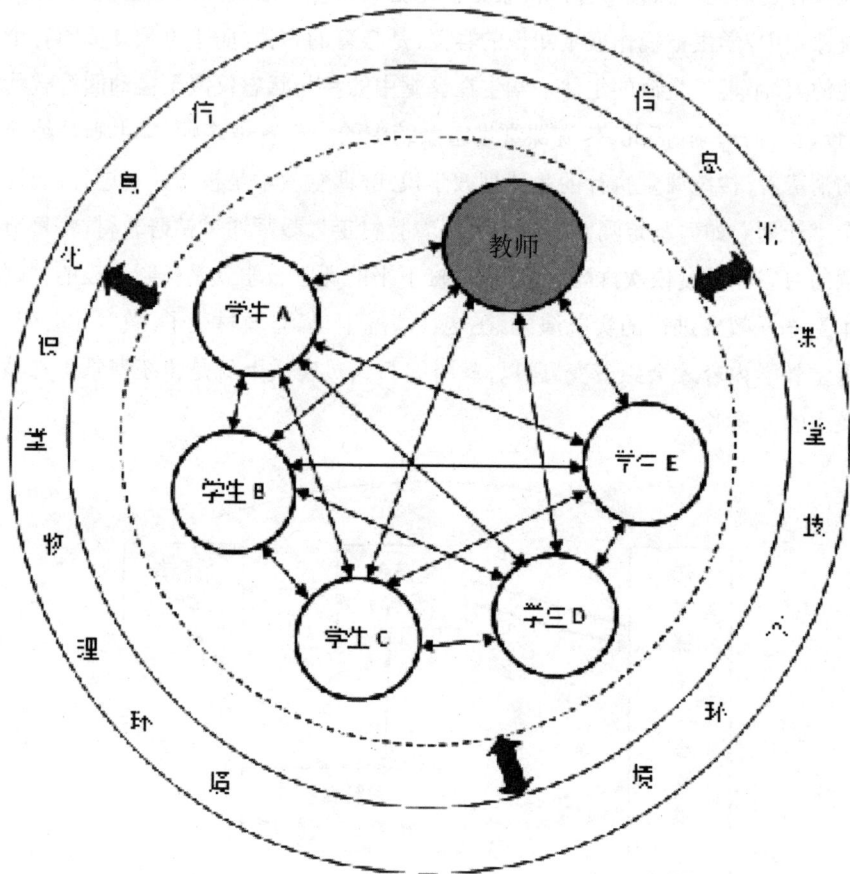

图3-4 信息化大学课堂生态系统的形态结构

3.3.2 信息化对大学课堂营养结构的影响

生态系统的营养结构不仅维持着系统的相对平衡，而且会直接影响到整个生态系统的稳定和可持续发展。教师、学生和课堂生态环境之间通过相互作用形成的课堂生态链,构成了课堂生态系统的营养结构。作为营养结构的基本单元,课堂生态链是课堂生态系统内物质循环、能量转化和信息传递的主要渠道。在传统课堂生态系统中(如图3-5所示),教师会利用教材、教学辅助书籍等环境资源对课堂内容进行课前"预设",课堂上教师将按部就班地执行之前的"预设",并严格禁止任何偏离这种"预设"的可能状况。在传统课堂中,学生被视作盛装知识的容器,是教育的客体,而不再是具体的有个性的人,不再是生命的主体;学生在课堂中的参与状态仅限于被动回答教师"预设"的问题。因此,传统课堂生态系统中的生产者是教师,学生则是纯粹的消费者。传统课堂执行的是计划教学模式,课堂教学是按照计划进行,而这个"计划"如何制定呢?那就是"跟着教材走"。教师通过钻研教材,将每节课的内容和进度依次排列在教案里,接下来的课堂教学就是按照预设的"剧本"——教案进行的实况演出。在这种情况下,只有教材变了,教案才会变,课堂教学内容才会跟着变。所以,教材编写人员实质上就是传统课堂生态系统中的分解者。

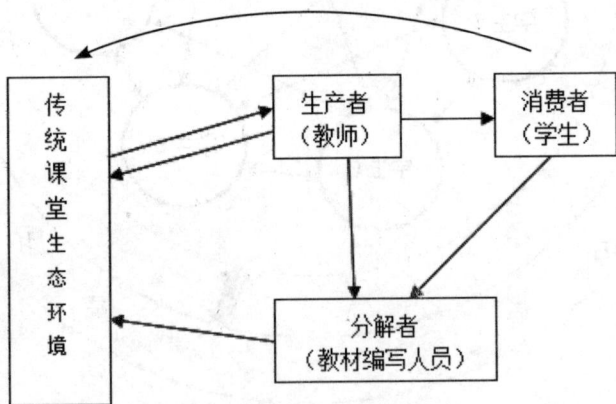

图3-5 传统课堂生态系统的营养结构

在信息化课堂中(如图3-6所示),课堂社会环境的改变使师生地位有了历史性的转变。教师、学生、现代教学媒体和教学信息是课堂的四个基本要素,学生是课堂活动的主体,学生与教师、其他学生、技术媒体等的交互行为就是教学过程的主要行为。在信息化课堂中,学生不再是纯粹的消费者,而是积极参与课堂生态系统运转的每一个环节,既是生产者,又是消费者,而且也是分解者。教师在传统课堂中的"霸权"地位不复存在,但是对整个课堂仍然起着至关重要的引导作用;同时,教师拥有了更多的教学自主权,教师可以在课堂上有自己的个性,而不再仅仅是死板的"教材搬运工"。所以,信息化课堂中的教师不仅仅是生产者,也开始扮演了分解者的角色。在信息化课堂中,教师讲、学生听的单一授课模式被彻底打破,教师可以通过信息化的教学设备向学生传递教学信息,学生也可以通过信息化设备与教师、其他学生进行沟通,此时,信息技术成了师生、生生之间进行多向沟通的有效渠道。当学生在进行自主学习时,信息技术还可以实现学生与信息化设备之间的信息交互,以帮助学生实现个性化学习的目的。因此,信息化课堂对技术环境有着比较高的要求,这就对教学支持服务人员提出了更严格的要求,教学支持服务人员也就成了课堂身后不可或缺的重要支撑力量,并成为信息化课堂生态链上的分解者之一。

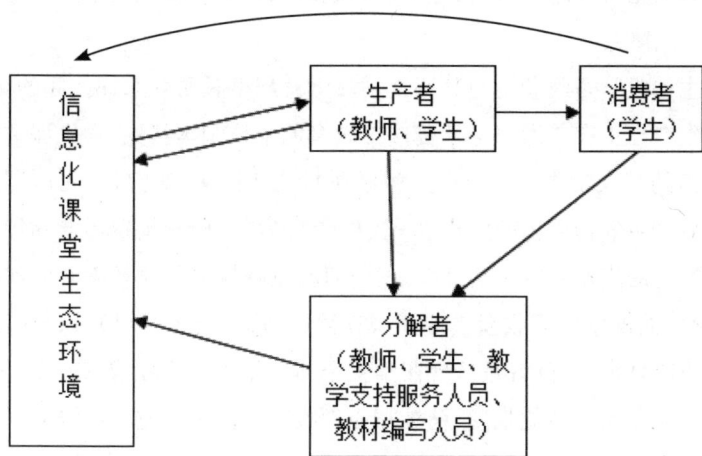

图 3‑6 信息化课堂生态系统的营养结构

3.4 大学生课堂学习收获的信息化影响因子分析

在信息化的时代背景下,大学课堂生态环境发生了变革,大学课堂的形态结构和营养结构也随之发生了根本性的变革。教育信息化给大学课堂技术环境带来了最直接的变化,也使大学课堂的师生角色发生了根本性的改变。而这些变化又从根本上驱动了大学课堂教学模式的变革。信息技术在大学课堂中的应用打破了原有课堂生态系统的平衡,平衡的打破则意味着原有课堂生态结构的解体,原有课堂生态结构的稳定性的破坏。目前,在信息技术与大学课堂教学不断融合的过程中,新型教育理念不断与转变中的课堂生态主体、课堂生态环境之间产生摩擦,这些摩擦已经表现为不同程度上的生态问题。这些生态问题对外主要表现为教师与学生之间、教师与课堂生态环境之间、学生与课堂生态环境之间的诸多不和谐现象。大学课堂是高等学校进行人才培养的重要阵地,大学课堂生态问题最直接的表现就是学生的课堂学习获得感明显降低。

学生课堂学习收获是与其课堂学习满意程度紧密联系在一起的。本研究中的学生专指正在普通高等学校接受教育的全日制本科生,学生课堂学习满意程度指的是大学本科生对课堂教学质量的实际感受与自己先前期望进行对比之后产生的情感体验的程度。学生的课堂学习收获情况需要通过学生对于课堂学习的满意度量表测评来进行体现。就我国高等学校教育的实际情况来说,学生的课堂学习收获主要体现在两个方面,一个是以知识与技能作为主要的收获体现,另外就是体现在学生个体的精神与心理成长方面。因此,我们将主要从知识与技能收获、精神与心理收获这两个可测量的维度来分析学生的课堂学习收获情况。以大学生的课堂学习收获作为因变量,与学生之间能够产生直接关系的影响因素主要有教师、其他学生和课堂生态环境。

在信息化的课堂环境下,教师对学生的影响主要体现在教学过程中,具体表现在教师的整体教学能力,也即是信息化教学能力;除此之外,教师对于学生课堂学习收获的影响在于其与学生的人际交往过程。学生与学生之间的影响主要体现在互助和竞争两个方面,表现在课堂中则是学生与学生之间的人际交往。除了作为生物因素的教师、学生等对于学生课堂学习收获的影响，非生物因素的课堂环境也在时时影响着学生的课堂学习获得感。因此，本研究提取出对大学生课堂学习收获可能产生影响的信息化因子有：教师信息化教学能力、课堂人际关系（含师生关系、生生关系）和信息化课堂环境。

3.4.1 教师信息化教学能力

信息化教学能力首先应表现为基本的教学能力，即教师要拥有正常的思维能力、表达能力、组织能力、应变能力，知识储备应达到一定的专业知识标准；除此之外，信息化时代的教师还需要具备在课前进行信息化教学设计、课中实施信息化教学和课后开展信息化评价的教学能力。本研究主要关注的是相较于传统教育条件下，信息化时代教师教学能力与传统教师的不同之处，也即是学者赵健、郭绍青所指的教师在利用信息与传播技术通过教学设计、教学实施和教学评价等方法促进学生学习方式转变和促进学生素养过程中对学习资源和学习环境的综合利用水平。[①]其中，信息化教学设计能力、信息化实施能力与信息化评价能力是教师信息化教学能力的三大核心内容。教师信息化教学能力由很多具体的因素所组成，其本身不能被直接测量，而必须要通过其他的外显指标来加以反映。在本研究中，由于调查对象是在校大学本科生，从他们的视角来观察教师的课堂教学活动，则不便于以信息化教学设计能力、信息化实施能力和信息化评价能力这样的维度来加以度量。考虑到调查对象作为学生的实际情况，本研究中教师信息化教学能力主要是通过教师表现出的信息技术应用能力和学习资源建设能力来加以反映的。

3.4.2 信息化课堂环境

大学课堂生态系统是由教师、学生和课堂生态环境共同组成的。信息化课堂指的是在现代教育教学理论指导下，教师将多种媒体资源与教学内容有机融合，并在教学过程之中借助信息技术手段促进课堂教学目标的生成，从而培养学生的信息素养、创新精神和综合能力的课堂教学过程。与传统课堂

---

①赵健,郭绍青. 信息化教学能力研究综述[J]. 哈尔滨:现代远距离教育,2010(4):28-31.

相比,信息化课堂的不同之处主要体现在教学过程的信息化和教学资源的信息化。因此,我们可以从硬件设施和软件支持两个方面来衡量大学课堂生态环境的信息化程度。硬件设施指的是用于支持信息化教学的课堂物理设施,如教室里的桌椅、投影、音响等设备;软件支持主要是指学校为大学课堂所提供的课堂技术环境,如教室设备出现故障,是否能够得到及时处理等。也就是说,本研究的信息化课堂环境需要通过课堂物理环境和课堂技术环境这两个外显的方面来进行评测。

课堂生态环境主要包括课堂技术环境、课堂物理环境和课堂社会环境。至于课堂社会环境,它主要体现在课堂中的师生、生生关系,即生态系统中生物与生物之间的关系。这是本研究需要进行特殊处理的一个因素。在教育学领域,课堂中的师生、生生关系也从属于课堂生态环境,是课堂生态环境的一部分。但是,从生态学的视角来看,相较于生物与非生物环境之间的关系,课堂中的师生、生生关系是生物与生物之间的关系,那么,这两种关系应该是一种并列关系,而不应该是从属关系。因此,在本研究中,这个特殊因素"课堂人际关系"不能再以从属于"信息化课堂环境"的形式来出现,而需要将其单列出来,并且与"信息化课堂环境"并列表示。

3.4.3 课堂人际关系

生态学是研究生物与其周围环境之间关系的一门科学,对于课堂生态系统中的学生来说,其课堂学习的获得感也会受到教师、其他学生和课堂环境的直接影响。因此,课堂人际关系对于学生来说具有不容忽视的重要性。一般来说,课堂人际关系指的是师生之间、生生之间在一定时间的课堂教学和课外交往过程中形成的一种比较稳定的心理关系。在传统课堂中,课堂人际关系主要体现为课堂中的师生交往行为,课堂中的生生交往常常是被明令禁止的。而随着教育理念的不断更新,小组学习、合作学习等新型教学模式越来越受到学界的关注,课堂中的生生关系也随之引起广泛的关注。大学课堂是一个生态系统,课堂生态系统的能量主要来自教师和学生的课堂活动,课堂生态系统只有在教师互动、生生互动的氛围下才能实现能量的正常流动。因此,良好的课堂人际关系更有助于健康课堂生态系统的良性循环。从另一个角度来说,课堂人际关系是一种社会关系,课堂中的师生关系、生生关系会决定着学生在班级中所处的社会位置,而这个社会位置会反过来影响学生在课堂中的参与积极性,甚至影响到其课堂学习收获的多少。

　　在接下来的研究中,我们将借助结构方程模型来着重分析教师信息化教学能力、课堂人际关系和信息化课堂环境这三个因素对大学生课堂学习收获的影响情况。

第4章 信息化对大学生课堂学习
收获影响的模型构建

任何一种自然生态环境都包含着许多种生态因子,生物在一定环境中生存必须要得到满足其生存发展需要的多种生态因子的协同作用,当某种生态因子不足或过量都会影响生物的生存和进一步发展。在不同的历史发展阶段,影响大学课堂生态系统稳定性的限制因子是不一样的。进入教育信息化时代,信息技术已经成为制约大学课堂走向教育现代化的不容忽视的限制因子。因此,本研究重点关注的是,在信息化的时代背景下,与信息技术有关的生态因子对大学生课堂学习收获产生的影响。

4.1 理论模型构建

从本质上来说,结构方程模型分析就是对研究人员所建立的理论进行验证和解释。所以,假设模型的建立是结构方程模型分析过程中最基础也是最首要的步骤,结构方程模型中各变量之间的关系也需要依靠准确的理论来加以设定。结构方程模型主要是一种验证性技术,在研究过程中要根据具体研究问题设定一个概念模型,然后通过数据收集进行模型拟合,当模型拟合效果不好的时候,还需要对模型进行修正,直到模型拟合通过。一般来说,运用结构方程模型进行统计分析,一般应包括模型建构、抽样与调查、模型拟合、模型评价等基本步骤。

4.1.1 模型变量的设置

与传统的课堂教学相比,信息化时代的课堂教学是一种以现代教育教学理念为指导,应用现代教育技术进行课堂教学活动的教学形态。在这场信息化带来的教育革命中,大学课堂发生的变革集中体现在生态主体与生态环境之间、生态主体与生态主体之间的影响关系。对于大学课堂生态系统来说,物质流、能量流、信息流在系统内流通的根本目的是转化为学生的能量流,学生获得的能量流即表现为学生的课堂学习收获。大学课堂是一个由课堂生态主体(教师、学生)和课堂生态环境共同组成的生态系统。在大学课堂生态系统中,教师、其他学生、课堂生态环境对学生课堂学习收获的影响就成为本研究的主要关注点。根据前述的相关文献分析,结合我国各高等学校进行课堂教学活动的实际情况,本研究的具体变量设置见表4-1。在本研究中,主要包括信息化课堂环境、课堂人际关系、教师信息化教学能力和学生课堂学习收获四个潜在变量。

表 4-1 研究变量的设置

潜在变量	指标变量
信息化课堂环境	课堂物理环境
	课堂技术环境
课堂人际关系	课堂师生关系
	课堂生生关系
教师信息化教学能力	信息技术应用
	学习资源建设
学生课堂学习收获	知识与技能收获
	精神与心理收获

4.1.2 模型变量的分析

结构方程理论模型主要是将课堂人际关系、教师信息化教学能力和信息化课堂环境对大学生课堂学习收获的影响作为主要研究内容。其中,课堂人际关系、教师信息化教学能力和信息化课堂环境为本研究中的自变量,也是外因潜在变量;大学生课堂学习收获则为本研究的因变量,也即内因潜在变量。为便于更好地理解本研究中所涉及的变量,更有利于后续的量表设计与调查,对本研究中的八个指标变量进行如下界定。

1. 信息技术应用能力

与传统教育技术阶段相比,信息化时代的教师需要掌握更多的教育教学技能。目前对于信息技术应用能力这一概念,还没有一个统一的认识。中小学教师运用信息技术改进其工作效能、促进学生学习成效与能力发展,以及支持其自身持续发展的专业能力[1]。就我国大部分高校的实际情况来讲,结合高校现有的支持课堂教学的技术环境现状,本研究对于大学教师信息技术应用能力的界定也参照这种理解,认为大学教师的信息技术应用能力主要表现在能够熟练运用多种媒体工具开展和改进教育教学工作,对于大学教师信息技术应用能力的测量主要通过两个方面来实施,即使用多媒体软件制作教学课件的能力和熟练操作多媒体设备开展课堂教学活动的能力。教师学习资源建设能力是本研究中的指标变量。

2. 学习资源建设能力

在信息技术的支持下,课堂的边界越来越模糊。除了现实世界中的实体课堂,还有网络技术支持下的网络课堂。随着技术门槛的逐步降低,越来越多的教师会通过网络平台上传学习资源,以支持学生在实体课堂之外开展有计划的自主学习。这就对教师的学习资源建设能力提出了要求。而对于信息化时代的教师来说,这种要求已经成为不可逆转的时代趋势。在《国家中长期教育改革和发展规划纲要(2010—2020)》中,明确提出鼓励学生利用信息技术手段主动学习、自主学习,增强运用信息技术分析和解决问题的能力。与

---

[1]祝智庭,闫寒冰.《中小学教师信息技术应用能力标准(试行)》解读[J].哈尔滨:理论探讨,2015,269(9):6.

此相对应的,就是教师角色的转变。教师不再是纯粹的知识传递者,信息化课堂中的教师更应该是学生学习过程中的引导者和学习活动的支持者,而学习资源建设就是教师作为学生学习活动支持者的重要职责之一。本研究对于教师学习资源建设能力的测量主要是通过学生对于教师提供的学习资源的丰富性、科学性等方面来加以体现的。教师学习资源建设能力是本研究中的指标变量。

3. 课堂物理环境

课堂生态环境主要由课堂物理环境、课堂技术环境和课堂社会环境构成,其中课堂物理环境主要是指为课堂教学活动服务而存在的各种自然要素、物质要素和空间布局要素等,即课堂物理设施。本研究重点关注的是,相对于传统课堂来说信息化课堂环境中的物理设施状况,如桌椅摆放方式、教室空间布局等。以桌椅摆放方式为例,学生座位编排的空间形式会直接影响着课堂教学中的师生之间、生生之间的交流,从而对学生的课堂学习效果产生隐性的影响。在传统课堂中,学生座位一般呈现出"秧田式"的排列布局,这种桌椅编排方式一般比较适用于单向的信息展示,而不适用于交流和讨论活动。这种桌椅编排方式其实在无形中强化了教师的课堂中心地位,也在一定程度上助推了课堂中的"满堂灌"教学模式。进入信息化时代,学生的课堂主体地位日益受到学术界的广泛关注。那么,为了进一步保障信息化教学活动的顺利开展,为了保证信息化教学活动的师生有效交往,我们需要通过对课堂物理设施相关要素的调查来了解信息化课堂环境的相关情况。因此,课堂物理设施作为信息化课堂环境的有形要素,是本研究中的指标变量。

4. 课堂技术环境

《科学学辞典》和《科技词典》对技术的解释是这样的:技术是为社会生产和人类物质文化生活需要服务的,供人类利用和改造自然的物质手段、智能手段和信息手段的总和。[1]从这个定义可以看出,"技术"这个术语所指的不仅包含有形的、物质性的技术,还包括无形的、非物质的技术。课堂技术环境就是一种无形的环境。对于信息化课堂来说,技术环境的重要性并不亚

---

[1]尹俊华,庄榕霞,戴正南. 教育技术学导论[M]. 北京:高等教育出版社,2011:49.

于物理环境。课堂物理环境为课堂教学活动的开展提供了具体的三维空间，是课堂教学活动得以顺利实施的硬件前提；而课堂技术环境为课堂教学活动的实施提供了软件保障。也就是说，良好的课堂物理环境和技术环境是教学活动得以正常实施的重要前提。因此，课堂技术环境作为信息化课堂环境的重要组成元素，是本研究中的指标变量。

5. 课堂师生关系

信息化课堂环境是课堂教学活动得以实施的前提和必要条件，而课堂教学过程的有效开展则在很大程度上依赖于良好师生关系的建立。课堂教学活动不是属于教师一个人的独角戏，课堂教学需要教师与学生的共同参与。而学生在课堂中的参与意愿、参与程度和参与效果与师生关系好坏是密切相关的。在一个理想的大学课堂中，学生在课堂中的参与积极性比较高、学习主动性也比较强；教师方面也实现了自身角色的转变，摆脱了传统课堂中以灌输知识为目的的教学行为，不再站在学生的对立面，而是与学生进行平等的语言交流和心灵对话。由于在传统课堂中，教师长期占据课堂教学的主体地位，因此本研究对于课堂师生关系的测量主要从教师与学生之间的交流频率、交流态度来考察的。课堂师生关系作为课堂人际关系的重要组成部分，是本研究中的指标变量。

6. 课堂生生关系

与课堂中的师生关系相比，课堂中的生生关系一直处于被忽视的状态。长期以来，"课堂上常常充斥着教师传递知识的讲解，无须进行思索的提问以及维持秩序的言语训斥，即使是教师慷慨激昂的演说或是语重心长的教诲，但是我们听到的都是教师的独白，学生只能作为'沉默的大多数'"[①]。通过这一句描述，我们可以看到学生与学生之间的课堂交流常常是被禁止的。而随着翻转课堂、发现学习、研究性学习等多种新型教学模式的出现，生生之间交流的重要性越来越引起了广泛关注。这些教学模式强调发挥学生学习的主动性、积极性，充分体现学生的认知主体地位，这对传统课堂中的学生观产生了极大的冲击。在本研究中，主要通过课堂中生生之间交流的机会、学生参

①冯建军,等. 生命化教育[M]. 北京:教育科学出版社,2007:158.

与课堂交流的积极性等方面来测量课堂中的生生关系。课堂生生关系也是本研究中的指标变量。

7. 知识与技能收获

就通识教育与专业教育的关系来说,大学本科教育是建立在通识教育基础上的专业教育。专业教育是培养学生如何做事的本领,培养学生具备一定的生存、适应和服务社会的本领,即重在培养学生走上相应工作岗位应具备的专业能力素质。本研究所说的专业知识能力收获主要是针对学生在专业教育类课程中的学习收获。具体来讲,专业知识能力收获主要是指大学生通过专业教育类课程学习所获得的创新精神、理论知识、实践水平、专业技能等方面的个人技能成长。在本研究中,"知识与技能收获"是"学生课堂学习收获"这一潜在变量的指标变量。

8. 精神与心理收获

大学本科教育是通识教育和专业教育的结合。大学本科教育的目标是培养完整的人,高等学校不是职业技能培训机构。通识教育是基础,专业教育是在完成通识教育目标基础上的进一步发展。从这个角度来说,通识教育是第一位的。通识教育首先是一种人文教育,旨在帮助大学生理解作为一个成年人所担负的社会责任,明白人生的意义和自身的价值追求,培养大学生的独立思考意识和独立思维能力。因此,大学生的课堂学习收获除了专业知识领域的收获,还包括其在身心健康水平、社会适应能力、自我价值认同等方面的综合发展。在本研究中,精神与心理收获主要是指大学生在接受大学课堂学习过程中,其个体身心成长与自我认知等方面的收获所得。而且,"精神与心理收获"是"学生课堂学习收获"这一潜在变量的指标变量。

4.1.3 模型框架的设定

在模型中,共包括1个内因潜在变量、3个外因潜在变量和8个指标变量。为了便于后续研究,现对测量模型中的变量与参数进行命名设置,见表4-2。根据上述分析,本研究建构的假设模型如图4-1所示。

表 4-2   测量模型中的变量与参数

潜在变量	指标变量	回归系数	测量误差
信息化课堂环境 ξ_1	课堂物理环境 X_1	λ_{11}	δ_1
	课堂人际关系 ξ_2	λ_{21}	δ_2
教师信息化教学能力 ξ_3	课堂师生关系 X_3	λ_{32}	δ_3
	学生课堂学习收获 j	λ_{42}	δ_4
指标变量	信息技术应用 X_5	λ_{53}	δ_5
	学习资源建设 X_6	λ_{63}	δ_6
指标变量	知识与技能收获 Y_1	λ_1	δ_7
	精神与心理收获 Y_2	λ_2	δ_8

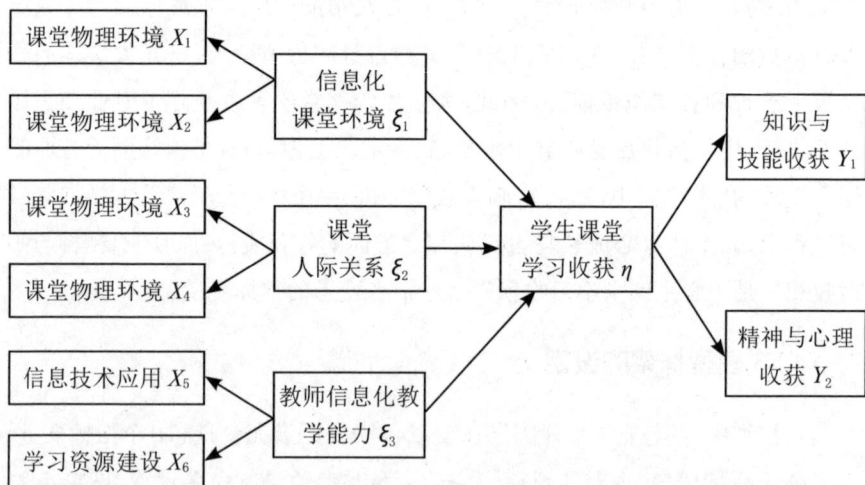

图 4-1   信息化背景下的大学课堂生态影响因素假设模型

根据表 4-2 的参数设置和图 4-1 的模型显示,可以将测量模型中的各个回归方程式分别表述如下。

$$X_1 = \lambda_{11} \xi_1 + \delta_1 \qquad 公式（4-1）$$

$$X_2 = \lambda_{21} \xi_1 + \delta_2 \qquad 公式（4-2）$$

$$X_3 = \lambda_{32} \xi_2 + \delta_3 \qquad 公式（4-3）$$

$$X_4 = \lambda_{42} \xi_2 + \delta_4 \qquad 公式（4-4）$$

$$X_5 = \lambda_{53} \xi_3 + \delta_5 \qquad 公式（4-5）$$

$$X_6 = \lambda_{63} \xi_3 + \delta_6 \qquad 公式（4-6）$$

$$X_1 = \lambda_1 \eta + \delta_7 \qquad 公式（4-7）$$

$$X_2 = \lambda_2 \eta + \delta_8 \qquad 公式（4-8）$$

对结构模型中的变量与参数进行命名设置，见表 4-3。

表 4-3　结构模型中的变量与参数

内因潜在变量	外因潜在变量	回归系数
学生课堂学习收获 η	信息化课堂环境 ξ_1	γ_1
	课堂人际关系 ξ_2	γ_2
	教师信息化教学能力 ξ_3	γ_3

设内因潜在变量"学生课堂学习收获"的残差项为 ζ，根据表 4-3 的参数和图 4-1 的模型显示，可以将结构模型的回归方程式表述如公式（4-9）所示：

$$\eta = \gamma_1 \xi_1 + \gamma_2 \xi_2 + \gamma_3 \xi_3 + \zeta \qquad 公式（4-9）$$

4.2 研究假设

本研究针对信息化背景下的大学课堂生态影响因素分析的理论模型,共提出了三个研究假设。

4.2.1 信息化课堂环境对学生课堂学习收获的影响

传统课堂是以"教"为中心的教学活动,学生处于一种被动接受的地位。与传统课堂教学不同,信息化课堂是以"学"为中心的课堂教学活动。学生是信息化课堂的主体,信息化课堂更为重视的是学生的学习过程体验和学习结果收获。教师作为信息化课堂学习活动的引导者,要充分利用信息化课堂资源为学生创设多样化的课堂情境,增强学生的个性化学习体验,从而使学生能够在主动学习的过程中,提高其学习获得感。因此,信息化课堂的资源环境越丰富,越有利于多样化学习情境的创设,也会越有利于增加学生的学习获得感。

假设1:信息化课堂环境对学生课堂学习收获有显著正向的影响。

4.2.2 课堂人际关系对学生课堂学习收获的影响

教育的终极目的是培养"完整的人",课堂教学是学校教育的主要形式。在课堂教学过程中,学生不仅获得了知识能力方面的提升,更能从教师的身体力行中获得精神的收获。课堂人际关系对学生课堂学习收获的影响是隐性的。作为个体的学生在一个温馨和谐的课堂中,往往能够从良性的师生、生生交互中,获得更多的鼓励和信心,从而有利于其建立正向的学习态度。因此,良好的课堂人际关系有利于学生的专业知识能力提高,并有利于其精神和心理的健康成长。

假设2:课堂人际关系对学生课堂学习收获有显著正向的影响。

4.2.3 教师信息化教学能力对学生课堂学习收获的影响

在传统教学过程中,课堂教学的主要目的是文化知识的传递,教师教学能力发展的目的也是为了实现师生之间知识、技能的单向传递。所以,当时的教师教学能力提升主要是集中在教师个人的文化知识积累和教学技能改进,以便于能够在课堂中向学生有效传递更多的教学内容。而信息化社会对教师的教学能力要求已经发生了变化,信息化教学能力不仅关注教师个人教学能力的发展,更重要的是,认为教师的教学能力发展应该服务于学生的信息化学习能力发展。所以,教师信息化教学能力的发展其实是为了更好地促进学生信息化学习能力的发展。

假设3:教师信息化教学能力对学生课堂学习收获有显著正向的影响。

4.3 调查量表的设计

4.3.1 试测量表的编制

在提出理论模型的基础上,从研究问题和研究目的出发,本研究在借鉴我国香港地区的 Lee Chi-Kin John、Lai-Mui Frances 和 Wong Hin-Wah 根据 1997 年香港回归祖国后的教育情况变化而制定的"香港课堂环境量表(Classroom Environment Scale in Hong Kong)",参考温州大学教师教育学院孙芙蓉教授等学者的研究成果,并咨询相关学科专家的基础之上,编制了信息化背景下大学课堂生态影响因素调查初始量表。同时,邀请了六位教育学、心理学领域的学者对初始量表的表面效度、逻辑效度和语言表达准确性等方面进行了综合评定,最终确定下来的试测量表条目指标见表 4-4。

表 4-4　试测量表的条目指标一览表

编号	测试题目
1	您对于老师制作的多媒体课件视觉效果感到
2	您对于老师操作多媒体设备的能力感到
3	您对于老师遇到多媒体设备故障时的应变能力感到

续表

编号	测试题目
4	您对于多媒体教室的空间布局合理性感到
5	您对于老师将信息技术与教学内容进行融合的能力感到
6	您对于老师的教学内容安排感到
7	您对于老师编排的课堂教学进度感到
8	您对于老师根据教学内容采取多样化教学模式的能力感到
9	您对于老师借助信息技术引导和支持学生进行主动学习的能力感到
10	您对于老师借助信息技术创设感官教学环境的能力感到
11	您对于老师借助信息技术形象直观地表现教学内容的能力感到
12	您对于老师通过 qq、E-Mail、微信等社交软件与学生进行课后交流的能力感到
13	您对于课堂上能够与其他同学相互合作、交流、讨论的机会感到
14	您对于老师与学生相处时的态度感到
15	您对于老师参与课堂讨论、合作、辩论等的热忱感到
16	您对于老师创设的课堂情境感到
17	您对于老师借助信息技术增加学生之间的互动与合作气氛的能力感到
18	您对于老师不仅重视学生的学习结果,更重视学生的学习过程的做法感到
19	您对于老师制定的课程成绩评价方式感到
20	您对于老师除了关注传统的分数评价,更注重对学生进行描述性评价的做法感到
21	您对于老师重视学生进行自我评价的做法感到
22	您对于老师重视学生与学生之间进行相互评价的做法感到

续表

编号	测试题目
23	您对于老师借助信息化工具（如电子档案袋等）对学生进行学习评价的做法感到
24	您对于多媒体教室的桌椅摆放方式感到
25	您对于多媒体教室内的媒体视听效果感到
26	您对于老师与学生进行课后交流的次数感到
27	您对于老师参与学生课堂讨论的次数感到
28	您对于多媒体教室的音响效果感到
29	您对于同学参与课堂交流的积极性感到
30	您对于多媒体教室的设备运转性能感到
31	您对于多媒体设备的维护与保养状况感到
32	您对于老师提供的学习资源使用便捷性感到
33	您对于老师提供的学习资源丰富多样性感到
34	您对于多媒体教室的软件更新速度感到
35	您对于多媒体教室的学习资源储备感到
36	您对于老师提供的学习资源科学性、权威性感到
37	从老师的课堂教学中，您感觉自己在专业理论知识方面
38	从老师的课堂教学中，您感觉自己在专业实践知识方面
39	从老师的课堂教学中，您感觉自己在创新思维能力提升方面
40	从老师的课堂教学中，您感觉自己在信息获取能力提升方面
41	从老师的课堂教学中，您感觉到自己在自主学习能力提升方面
42	从老师的课堂教学中，您感觉自己在人际交往与合作能力提升方面
43	从老师的课堂教学中，您感觉自己在获得自我肯定与认同方面

续表

编号	测试题目
44	从老师的课堂教学中,您感觉自己在公平竞争意识与能力提升方面
45	从老师的课堂教学中,您感觉自己在精神愉悦方面

在上述分析的基础之上,试测量表采用李克特五级顺序量表的形式进行编排,具体试测量表见附录1。在本研究中,所使用的五级态度量表有两种:第一种是直接测量满意程度,包括非常不满意、不太满意、一般、比较满意和非常满意,相应赋值分别为1分、2分、3分、4分和5分;第二种是测量学生课堂学习收获的自我感知程度,包括收获很少、收获比较少、一般、收获比较大和收获很大,相应赋值分别为1分、2分、3分、4分和5分。

4.3.2 试测量表的信效度分析

在本研究中,是以科隆巴赫 α 系数值作为量表信度的度量标准。一般来说,当 α 系数值大于或等于0.9时,表明量表信度很好;当 α 系数值在0.8～0.9之间时,表明量表信度比较好;当 α 系数值在0.7～0.8之间时,表明量表中有些题目需要修订;而当 α 系数值小于0.7时,则表明量表中有些题目需要抛弃。对于效度的分析,主要是对量表进行因子分析,通过因子分析中的KMO(检验统计量)的值来判断量表的效度。通常情况下,如果KMO的值大于0.8,说明效度很好;如果KMO的值在0.7～0.8之间,说明效度不错;如果KMO的值在0.6～0.7之间,说明效度还可以;如果KMO的值小于0.6,则表明效度比较差。

本研究依托问卷星网络平台(https://www.wjx.cn/)向湖南农业大学、湖南科技学院两所高校的在读本科生进行试测量表的在线发放,共回收有效问卷253份。首先,使用SPSS 17.0统计分析软件对这253份问卷进行描述性统计分析与信度分析,信度分析结果见表4-5。从表4-5可以看出,各个维度的科隆巴赫 α 系数均大于0.80,说明该试测量表的信度是比较高的。试测量表的效度分析结果如图4-2所示,KMO的值为0.870,说明量表的效度也比较高。

表 4-5　试测量表各项维度的信度分析

变量	被试人数	题项数目	科隆巴赫 α 系数
教师信息化教学能力	253	11	0.85
信息化课堂环境	253	13	0.84
课堂人际关系	253	12	0.90
学生课堂学习收获	253	9	0.83

KMO 和 Bartlett（巴特利特）的检验

取样足够度的 KMO 度里。	0.870
Bartlett 的球形度检验　近似卡方	1770.736
df	21
Sig.	0.000

图 4-2　试测量表的效度分析结果

4.3.3 试测量表的正态分析

正态分析包含偏度和峰度的检测。在正态分布的情况下,偏度系数应该为 0,峰度系数为 3。但是在 SPSS 17.0 软件中,系统已经将正态分布峰度值默认为 0,以便于进行比较分析。所以,在 SPSS 17.0 中,偏度系数和峰度系数的理想值均为 0。现在使用 SPSS 17.0 对试测量表的调查结果进行正态分析,对偏度系数和峰度系数偏离 0 较大的题项做删除处理,共删除了编号为 3、6、19、35 的四个题项,具体的正态分析结果见表 4-6。

表 4-6 试测量表题项的正态分析

编号	量表题目	偏度	峰度	保留与否
1	您对于老师制作的多媒体课件视觉效果感到	− 0.474	− 0.137	保留
2	您对于老师操作多媒体设备的能力感到	− 0.616	0.570	保留
3	您对于老师遇到多媒体设备故障时的应变能力感到	− 3.116	1.214	删除
4	您对于多媒体教室的空间布局合理性感到	− 0.325	− 0.293	保留
5	您对于老师将信息技术与教学内容进行融合的能力感到	− 0.573	0.326	保留
6	您对于老师的教学内容安排感到	− 1.370	− 4.281	删除
7	您对于老师编排的课堂教学进度感到	− 0.469	− 0.459	保留
8	您对于老师根据教学内容采取多样化教学模式的能力感到	− 0.589	− 0.298	保留
9	您对于老师借助信息技术引导和支持学生进行主动学习的能力感到	− 0.637	0.364	保留
10	您对于老师借助信息技术创设感官教学环境的能力感到	− 0.368	− 0.361	保留
11	您对于老师借助信息技术形象直观地表现教学内容的能力感到	− 0.482	− 0.349	保留

编号	量表题目	偏度	峰度	保留与否
12	您对于老师通过 qq、E-Mail、微信等社交软件与学生进行课后交流的能力感到	− 0.079	− 0.791	保留
13	您对于课堂上能够与其他同学相互合作、交流、讨论的机会感到	− 0.426	− 0.515	保留
14	您对于老师与学生相处时的态度感到	− 0.486	− 0.621	保留
15	您对于老师参与课堂讨论、合作、辩论等的热忱感到	− 0.546	0.267	保留
16	您对于老师创设的课堂情境感到	− 0.548	0.068	保留
17	您对于老师借助信息技术增加学生之间的互动与合作气氛的能力感到	− 0.521	0.154	保留
18	您对于老师不仅重视学生的学习结果，更重视学生的学习过程的做法感到	− 0.546	0.267	保留
19	您对于老师制定的课程成绩评价方式感到	− 2.928	3.190	删除
20	您对于老师除了关注传统的分数评价，更注重对学生进行描述性评价的做法感到	− 0.486	0.197	保留
21	您对于老师重视学生进行自我评价的做法感到	− 0.579	0.380	保留
22	您对于老师重视学生与学生之间进行相互评价的做法感到	− 0.534	0.429	保留

续表

编号	量表题目	偏度	峰度	保留与否
23	您对于老师借助信息化工具（如电子档案袋等）对学生进行学习评价的做法感到	−0.928	1.190	保留
24	您对于多媒体教室的桌椅摆放方式感到	−0.262	−0.153	保留
25	您对于多媒体教室内的媒体视听效果感到	−0.531	0.072	保留
26	您对于老师与学生进行课后交流的次数感到	−0.579	0.380	保留
27	您对于老师参与学生课堂讨论的次数感到	−0.410	0.079	保留
28	您对于多媒体教室的音响效果感到	−0.423	0.226	保留
29	您对于同学参与课堂交流的积极性感到	−0.445	−0.005	保留
30	您对于多媒体教室的设备运转性能感到	−0.406	−0.601	保留
31	您对于多媒体设备的维护与保养状况感到	−0.521	0.159	保留
32	您对于老师提供的学习资源使用便捷性感到	−0.645	−0.083	保留
33	您对于老师提供的学习资源丰富多样性感到	−0.590	−0.185	保留

续表

编号	量表题目	偏度	峰度	保留与否
34	您对于多媒体教室的软件更新速度感到	−0.590	−0.185	保留
35	您对于多媒体教室的学习资源储备感到	−2.977	0.589	删除
36	您对于老师提供的学习资源科学性、权威性感到	−0.573	0.326	保留
37	从老师的课堂教学中,您感觉自己在专业理论知识方面	−0.554	−0.209	保留
38	从老师的课堂教学中,您感觉自己在专业实践知识方面	−0.436	0.101	保留
39	从老师的课堂教学中,您感觉自己在创新思维能力提升方面	0.184	−1.364	保留
40	从老师的课堂教学中,您感觉自己在信息获取能力提升方面	−0.589	−0.298	保留
41	从老师的课堂教学中,您感觉到自己在自主学习能力提升方面	−0.524	0.327	保留
42	从老师的课堂教学中,您感觉自己在人际交往与合作能力提升方面	−0.675	0.250	保留
43	从老师的课堂教学中,您感觉自己在获得自我肯定与认同方面	−0.528	−0.138	保留
44	从老师的课堂教学中,您感觉自己在公平竞争意识与能力提升方面	−0.547	0.184	保留
45	从老师的课堂教学中,您感觉自己在精神愉悦方面	−0.637	0.364	保留

4.3.4 试测量表的区分度分析

区分度是指一个测试题目对被试对象反应的区分程度和鉴别能力,即一个测试题目能够在多大程度上区分所要测量的内容。一个具有良好区分度的题目,在区分被试对象时应该是有效的。区分度高的题目,能将不同水平的受测者区分开来,能力强的受测者得分高,能力弱的受测者得分低;而区分度低的题目没有很好的鉴别能力,水平高和水平低的受测者得分差不多。因此,区分度是保障量表测试质量的重要指标之一,是评价调查量表质量、筛选测试题目的主要指标和依据。为了保证本研究量表题项具有较好的鉴别度,还需要对试测结果进行区分度分析。在 SPSS 17.0 中,找出得分最高的前 27% 和得分最低的后 27%,分别将其编码为不同变量,然后进行独立样本 t 检验。通过检验结果发现,该试测结果中 p 值均大于 0.05,说明数据结果符合方差齐性的要求。再来看 t 检验的显示结果,现将该试测结果各题项的 t 检验结果以表 4-7 的形式表示出来,并对 $p > 0.05$ 的测试题项做删除处理。

表 4-7 独立样本 t 检验分析结果

编号	测试题目	p 值	保留与否
1	您对于老师制作的多媒体课件视觉效果感到	0.00	保留
2	您对于老师操作多媒体设备的能力感到	0.00	保留
3	您对于多媒体教室的空间布局合理性感到	0.00	保留
4	您对于老师将信息技术与教学内容进行融合的能力感到	0.01	保留
5	您对于老师编排的课堂教学进度感到	0.13	删除
6	您对于老师根据教学内容采取多样化教学模式的能力感到	0.00	保留

续表

编号	测试题目	p 值	保留与否
7	您对于老师借助信息技术引导和支持学生进行主动学习的能力感到	0.11	删除
8	您对于老师借助信息技术创设感官教学环境的能力感到	0.00	保留
9	您对于老师借助信息技术形象直观地表现教学内容的能力感到	0.01	保留
10	您对于老师通过 qq、E-Mail、微信等社交软件与学生进行课后交流的能力感到	0.00	保留
11	您对于课堂上能够与其他同学相互合作、交流、讨论的机会感到	0.01	保留
12	您对于老师与学生相处时的态度感到	0.00	保留
13	您对于老师参与课堂讨论、合作、辩论等的热忱感到	0.10	删除
14	您对于老师创设的课堂情境感到	0.11	删除
15	您对于老师借助信息技术增加学生之间的互动与合作气氛的能力感到	0.00	保留
16	您对于老师不仅重视学生的学习结果,更重视学生的学习过程的做法感到	0.00	保留
17	您对于老师除了关注传统的分数评价,更注重对学生进行描述性评价的做法感到	0.00	保留
18	您对于老师重视学生进行自我评价的做法感到	0.01	保留

续表

编号	测试题目	p 值	保留与否
19	您对于老师重视学生与学生之间进行相互评价的做法感到	0.01	保留
20	您对于老师借助信息化工具（如电子档案袋等）对学生进行学习评价的做法感到	0.10	删除
21	您对于多媒体教室的桌椅摆放方式感到	0.00	保留
22	您对于多媒体教室内的媒体视听效果感到	0.00	保留
23	您对于老师与学生进行课后交流的次数感到	0.00	保留
24	您对于老师参与学生课堂讨论的次数感到	0.00	保留
25	您对于多媒体教室的音响效果感到	0.10	删除
26	您对于同学参与课堂交流的积极性感到	0.10	保留
27	您对于多媒体教室的设备运转性能感到	0.01	保留
28	您对于多媒体设备的维护与保养状况感到	0.10	删除
29	您对于老师提供的学习资源使用便捷性感到	0.00	保留
30	您对于老师提供的学习资源丰富多样性感到	0.00	保留
31	您对于多媒体教室的软件更新速度感到	0.11	删除
32	您对于老师提供的学习资源科学性、权威性感到	0.00	保留
33	从老师的课堂教学中,您感觉自己在专业理论知识方面	0.00	保留
34	从老师的课堂教学中,您感觉自己在专业实践知识方面	0.00	保留

续表

编号	测试题目	p 值	保留与否
35	从老师的课堂教学中,您感觉自己在创新思维能力提升方面	0.01	保留
36	从老师的课堂教学中,您感觉自己在信息获取能力提升方面	0.00	保留
37	从老师的课堂教学中,您感觉到自己在自主学习能力提升方面	0.11	删除
38	从老师的课堂教学中,您感觉自己在人际交往与合作能力提升方面	0.00	保留
39	从老师的课堂教学中,您感觉自己在获得自我肯定与认同方面	0.02	保留
40	从老师的课堂教学中,您感觉自己在公平竞争意识与能力提升方面	0.00	保留
41	从老师的课堂教学中,您感觉自己在精神愉悦方面	0.11	删除
42	从老师的课堂教学中,您感觉自己在人际交往与合作能力提升方面	-0.675	保留
43	从老师的课堂教学中,您感觉自己在获得自我肯定与认同方面	-0.528	保留
44	从老师的课堂教学中,您感觉自己在公平竞争意识与能力提升方面	-0.547	保留
45	从老师的课堂教学中,您感觉自己在精神愉悦方面	-0.637	保留

4.3.5 删除题项后的信度检验

经过正态分析和区分度分析之后,共有 14 个题项被删除,目前还有 31 个题项被保留下来。现在,要对删除后的试测量表再次进行信度检测。与删除前相比,如果各个维度的科隆巴赫 α 系数有所上升,表明被删除的题项确实影响了该量表的信度;如果各个维度的科隆巴赫 α 系数反而下降,则需要重新对被删除的题项进行再次具体分析。在本研究中,删除题项后的各维度信度检验结果如图 4-3 所示,科隆巴赫 α 系数为 0.969,这表明删除相应题项之后的量表整体信度更好。

案例处理汇总

		N	%
案例	有效	253	100.0
	已排除 [a]	0	0.0
	总计	253	100.0

a. 在此程序中基于所有变量的列表方式删除。

可靠性统计量

克朗巴哈系数	基于标准化项的克朗巴哈系数	项数
0.969	0.970	31

图 4-3　删除题项后的信度分析结果

现在,将经过上述删减后的量表题项进行重新整理编号,见表 4-8。

表 4-8　经过删减后的量表题项

编号	题目
1	您对于老师制作的多媒体课件视觉效果感到
2	您对于老师操作多媒体设备的能力感到
3	您对于多媒体教室的空间布局合理性感到
4	您对于老师将信息技术与教学内容进行融合的能力感到
5	您对于老师根据教学内容采取多样化教学模式的能力感到
6	您对于老师借助信息技术创设感官教学环境的能力感到
7	您对于老师借助信息技术形象直观地表现教学内容的能力感到
8	您对于老师通过 qq、E-Mail、微信等社交软件与学生进行课后交流的能力感到
9	您对于课堂上能够与其他同学相互合作、交流、讨论的机会感到
10	您对于老师与学生相处时的态度感到
11	您对于老师借助信息技术增加学生之间的互动与合作气氛的能力感到
12	您对于老师不仅重视学生的学习结果,更重视学生的学习过程的做法感到
13	您对于老师除了关注传统的分数评价,更注重对学生进行描述性评价的做法感到
14	您对于老师重视学生进行自我评价的做法感到
15	您对于老师重视学生与学生之间进行相互评价的做法感到
16	您对于多媒体教室的桌椅摆放方式感到
17	您对于多媒体教室内的媒体视听效果感到
18	您对于老师与学生进行课后交流的次数感到

续表

编号	题目
19	您对于老师参与学生课堂讨论的次数感到
20	您对于同学参与课堂交流的积极性感到
21	您对于多媒体教室的设备运转性能感到
22	您对于老师提供的学习资源使用便捷性感到
23	您对于老师提供的学习资源丰富多样性感到
24	您对于老师提供的学习资源科学性、权威性感到
25	从老师的课堂教学中,您感觉自己在专业理论知识方面
26	从老师的课堂教学中,您感觉自己在专业实践知识方面
27	从老师的课堂教学中,您感觉自己在创新思维能力提升方面
28	从老师的课堂教学中,您感觉自己在信息获取能力提升方面
29	从老师的课堂教学中,您感觉自己在人际交往与合作能力提升方面
30	从老师的课堂教学中,您感觉自己在获得自我肯定与认同方面
31	从老师的课堂教学中,您感觉自己在公平竞争意识与能力提升方面

4.3.6 删除题目后的探索性因子分析

在前述假设模型建构过程中,根据相应理论知识设定为四个变量,现在使用 SPSS 17.0 统计分析软件,采用主成分分析法对删除相应题目后的量表进行探索性因子分析,以期通过数学分析的方法将性质相近的题目归为同一个变量因子,同时也是对前述假设模型的变量设定是否合理进行一定程度的验证。

1. 第一次探索性因子分析

对删除题目后的量表进行第一次探索性因子分析，其 KMO 和 Bartlett 检验结果如图 4-4 所示，KMO 的值为 0.938，p 值为 0.000，表明观测变量适合做因子分析。表 4-9 的共同性检验结果表明，量表中 31 个题目所抽取的共同性均在 0.6 以上。接下来分析碎石图（如图 4-5 所示），可以看出，第一个特征值点在顶点处，第二个特征值在拐点处，也就是从第 5 个因子开始，坡度开始变得趋于平缓，此后的坡度线一直非常平坦。因此，可以考虑保留 4～5 个因子为宜。

取样足够度的 KMO 度里。		0.938
Bartlett 的球形度检验	近似卡方	715891.6
	df	465
	Sig.	0.000

图 4-4　KMO 和 Bartlett 检验（第一次探索性因子分析）

表 4-9　共同性检验（第一次探索性因子分析）

测试题目	初始	提取
您对于老师制作的多媒体课件视觉效果感到	1.000	0.689
您对于老师操作多媒体设备的能力感到	1.000	0.741
您对于多媒体教室的空间布局合理性感到	1.000	0.663
您对于老师将信息技术与教学内容进行融合的能力感到	1.000	0.752
您对于老师根据教学内容采取多样化教学模式的能力感到	1.000	0.600
您对于老师借助信息技术创设感官教学环境的能力感到	1.000	0.728
您对于老师借助信息技术形象直观地表现教学内容的能力感到	1.000	0.725

续表

测试题目	初始	提取
您对于老师通过 qq、E-Mail、微信等社交软件与学生进行课后交流的能力感到	1.000	0.726
您对于课堂上能够与其他同学相互合作、交流、讨论的机会感到	1.000	0.721
您对于老师与学生相处时的态度感到	1.000	0.674
您对于老师借助信息技术增加学生之间的互动与合作气氛的能力感到	1.000	0.654
您对于老师不仅重视学生的学习结果,更重视学生的学习过程的做法感到	1.000	0.731
您对于老师除了关注传统的分数评价,更注重对学生进行描述性评价的做法感到	1.000	0.721
您对于老师重视学生进行自我评价的做法感到	1.000	0.728
您对于老师重视学生与学生之间进行相互评价的做法感到	1.000	0.729
您对于多媒体教室的桌椅摆放方式感到	1.000	0.683
您对于多媒体教室内的媒体视听效果感到	1.000	0.602
您对于老师与学生进行课后交流的次数感到	1.000	0.738
您对于老师参与学生课堂讨论的次数感到	1.000	0.760
您对于同学参与课堂交流的积极性感到	1.000	0.804
您对于多媒体教室的设备运转性能感到	1.000	0.727
您对于老师提供的学习资源使用便捷性感到	1.000	0.681

续表

测试题目	初始	提取
您对于老师提供的学习资源丰富多样性感到	1.000	0.765
您对于老师提供的学习资源科学性、权威性感到	1.000	0.754
从老师的课堂教学中,您感觉自己在专业理论知识方面	1.000	0.706
从老师的课堂教学中,您感觉自己在专业实践知识方面	1.000	0.760
从老师的课堂教学中,您感觉自己在创新思维能力提升方面	1.000	0.810
从老师的课堂教学中,您感觉自己在信息获取能力提升方面	1.000	0.773
从老师的课堂教学中,您感觉自己在人际交往与合作能力提升方面	1.000	0.759
从老师的课堂教学中,您感觉自己在获得自我肯定与认同方面	1.000	0.781
从老师的课堂教学中,您感觉自己在公平竞争意识与能力提升方面	1.000	0.768

提取方法:主成分分析。

但是,从图4-5可以看出,在碎石图的拐点处,第3、4、5、6这些因子紧紧地贴在一起,所以仅仅依靠碎石图来判断保留几个因子是不够的。还需要再来分析其他的数据结果。转轴前的方差解释见表4-10,方差累积贡献率达到71.287%,说明相关的数据结果是可以采用的。初始特征值大于1的因子有4个,这是进行第一次探索性因子分析时所抽出的共同因子数。

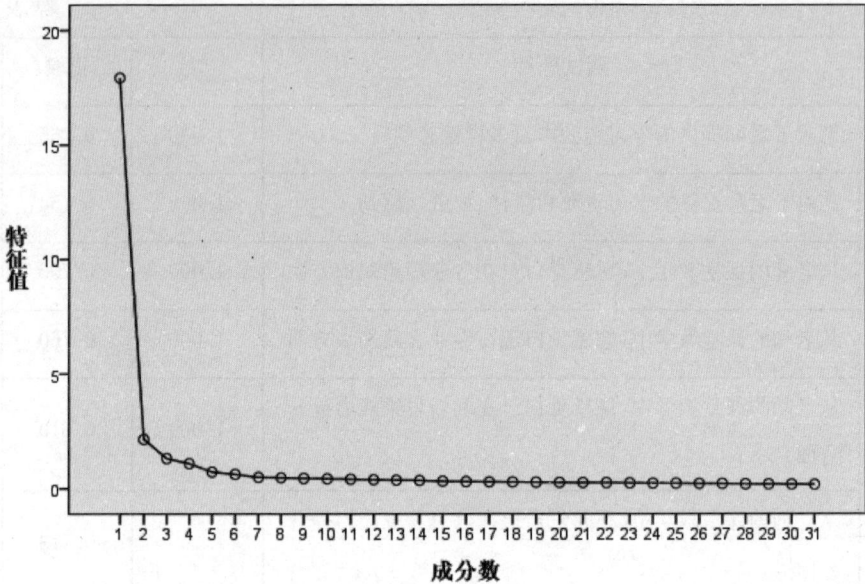

图 4-5　碎石图（第一次探索性因子分析）

表 4-10　整体解释变异数（第一次探索性因子分析）

成分	初始特征值			提取平方和载入			旋转平方和载入		
	合计	方差的 %	累积 %	合计	方差的 %	累积 %	合计	方差的 %	累积 %
1	11.421	36.842	36.842	11.421	36.842	36.842	10.547	34.021	34.021
2	8.355	26.951	63.793	8.355	26.951	63.793	7.982	25.747	59.769
3	1.278	4.123	67.916	1.278	4.123	67.916	2.086	6.729	66.498
4	1.045	3.371	71.287	1.045	3.371	71.287	1.485	4.789	71.287
5	0.896	2.891	74.178						
6	0.742	2.394	76.572						
7	0.645	2.081	78.653						
8	0.598	1.929	80.581						

续表

成分	初始特征值			提取平方和载入			旋转平方和载入		
	合计	方差的 %	累积 %	合计	方差的 %	累积 %	合计	方差的 %	累积 %
9	0.502	1.620	82.202						
10	0.494	1.594	83.796						
11	0.423	1.365	85.161						
12	0.416	1.342	86.504						
13	0.381	1.228	87.732						
14	0.342	1.104	88.836						
15	0.324	1.046	89.882						
16	0.308	0.993	90.874						
17	0.287	0.924	91.799						
18	0.270	0.872	92.671						
19	0.251	0.808	93.479						
20	0.239	0.769	94.249						
21	0.229	0.740	94.989						
22	0.210	0.676	95.665						
23	0.196	0.634	96.299						
24	0.178	0.573	96.872						
25	0.177	0.572	97.443						
26	0.166	0.535	97.978						
27	0.147	0.473	98.452						
28	0.141	0.455	98.907						
29	0.131	0.423	99.330						

续表

成分	初始特征值			提取平方和载入			旋转平方和载入		
	合计	方差的 %	累积 %	合计	方差的 %	累积 %	合计	方差的 %	累积 %
30	0.114	0.368	99.698						
31	0.094	0.302	100.000						

提取方法:主成分分析。

表 4-11　转轴后的因子矩阵（第一次探索性因子分析）

测试题目	成分			
	1	2	3	4
您对于老师制作的多媒体课件视觉效果感到	0.189	0.229	0.330	0.702
您对于老师操作多媒体设备的能力感到	0.249	0.249	0.220	0.754
您对于多媒体教室的空间布局合理性感到	0.290	0.304	0.227	0.660
您对于老师将信息技术与教学内容进行融合的能力感到	0.375	0.225	0.264	0.700
您对于老师根据教学内容采取多样化教学模式的能力感到	0.531	0.235	0.136	0.495
您对于老师借助信息技术创设感官教学环境的能力感到	0.573	0.236	0.246	0.532
您对于老师借助信息技术形象直观地表现教学内容的能力感到	0.587	0.226	0.237	0.523

续表

测试题目	成分			
	1	2	3	4
您对于老师通过 qq、E-Mail、微信等社交软件与学生进行课后交流的能力感到	0.565	0.299	0.250	0.505
您对于课堂上能够与其他同学相互合作、交流、讨论的机会感到	0.696	0.279	0.296	0.287
您对于老师与学生相处时的态度感到	0.676	0.233	0.288	0.283
您对于老师借助信息技术增加学生之间的互动与合作气氛的能力感到	0.638	0.294	0.281	0.284
您对于老师不仅重视学生的学习结果，更重视学生的学习过程的做法感到	0.568	0.274	0.255	0.508
您对于老师除了关注传统的分数评价，更注重对学生进行描述性评价的做法感到	0.748	0.197	0.289	0.199
您对于老师重视学生进行自我评价的做法感到	0.745	0.228	0.274	0.212
您对于老师重视学生与学生之间进行相互评价的做法感到	0.724	0.304	0.283	0.178
您对于多媒体教室的桌椅摆放方式感到	0.678	0.302	0.318	0.179
您对于多媒体教室内的媒体视听效果感到	0.329	0.605	0.260	0.245

续表

测试题目	成分			
	1	2	3	4
您对于老师与学生进行课后交流的次数感到	0.249	0.756	0.215	0.241
您对于老师参与学生课堂讨论的次数感到	0.201	0.780	0.252	0.219
您对于同学参与课堂交流的积极性感到	0.188	0.819	0.241	0.198
您对于多媒体教室的设备运转性能感到	0.261	0.762	0.201	0.194
您对于老师提供的学习资源使用便捷性感到	0.290	0.699	0.247	0.219
您对于老师提供的学习资源丰富多样性感到	0.210	0.781	0.289	0.162
您对于老师提供的学习资源科学性、权威性感到	0.241	0.753	0.305	0.187
从老师的课堂教学中,您感觉自己在专业理论知识方面	0.291	0.356	0.642	0.288
从老师的课堂教学中,您感觉自己在专业实践知识方面	0.292	0.319	0.698	0.291
从老师的课堂教学中,您感觉自己在创新思维能力提升方面	0.290	0.336	0.731	0.283
从老师的课堂教学中,您感觉自己在信息获取能力提升方面	0.340	0.308	0.693	0.286

续表

测试题目	成分			
	1	2	3	4
从老师的课堂教学中,您感觉自己在人际交往与合作能力提升方面	0.336	0.303	0.715	0.207
从老师的课堂教学中,您感觉自己在获得自我肯定与认同方面	0.340	0.322	0.724	0.193
从老师的课堂教学中,您感觉自己在公平竞争意识与能力提升方面	0.366	0.317	0.693	0.230

　　提取方法:主成分分析法。

　　旋转法:具有 Kaiser 标准化的正交旋转法。

　　a. 旋转在 7 次迭代后收敛。

　　再结合表 4-11 所展示的旋转成分矩阵表,转轴的主要目的在于重新安排题目在每个共同因子上的因子负荷量,从表 4-11 中可以看出,在经过探索性因子分析之后,有 4 个公共因子被明确地提取出来。而且,这 4 个被提取出的公共因子所对应的量表题目能够被之前的假设模型变量所解释。也就是说,在经过第一次探索性因子分析之后,发现被提取的公共因子数目为 4 个,且这 4 个公共因子是能够被假设模型变量解释的。但是,在表 4-8 所提供的数据信息中,旋转成分矩阵表中又出现了双因素载荷的情况,第 5、6、7、8、12 个题目均有变量在两个公因子上的负荷量同时大于 0.45,表明这五个题目对于测量目的的解释能力比较弱,所以,需要对这五个题目予以删除。

2. 第二次探索性因子分析

　　经过第一次探索性因子分析之后,量表中还保留有 26 个题目。同样采用主成分分析法对量表进行第二次探索性因子分析,其 KMO 和 Bartlett 检验结果如图 4-6 所示, KMO 的值为 0.975, p 值为 0.000,表明观测变量适合做因子分析。在表 4-12 的共同性检验中,所有题目抽取的共同性均大于 0.6,符合一般性要求。

取样足够度的 KMO 度里。	0.963
Bartlett 的球形度检验　近似卡方	6537.727
df	325
Sig.	0.000

图 4-6　KMO 和 Bartlett 检验（第二次探索性因子分析）

表 4-12　共同性检验（第二次探索性因子分析）

测试题目	初始	提取
您对于老师制作的多媒体课件视觉效果感到	1.000	0.735
您对于老师操作多媒体设备的能力感到	1.000	0.804
您对于多媒体教室的空间布局合理性感到	1.000	0.704
您对于老师将信息技术与教学内容进行融合的能力感到	1.000	0.754
您对于课堂上能够与其他同学相互合作、交流、讨论的机会感到	1.000	0.670
您对于老师与学生相处时的态度感到	1.000	0.650
您对于老师借助信息技术增加学生之间的互动与合作气氛的能力感到	1.000	0.734
您对于老师除了关注传统的分数评价,更注重对学生进行描述性评价的做法感到	1.000	0.745
您对于老师重视学生进行自我评价的做法感到	1.000	0.760
您对于老师重视学生与学生之间进行相互评价的做法感到	1.000	0.757
您对于多媒体教室的桌椅摆放方式感到	1.000	0.706

续表

测试题目	初始	提取
您对于多媒体教室内的媒体视听效果感到	1.000	0.602
您对于老师与学生进行课后交流的次数感到	1.000	0.738
您对于老师参与学生课堂讨论的次数感到	1.000	0.759
您对于同学参与课堂交流的积极性感到	1.000	0.803
您对于多媒体教室的设备运转性能感到	1.000	0.726
您对于老师提供的学习资源使用便捷性感到	1.000	0.681
您对于老师提供的学习资源丰富多样性感到	1.000	0.766
您对于老师提供的学习资源科学性、权威性感到	1.000	0.755
从老师的课堂教学中,您感觉自己在专业理论知识方面	1.000	0.704
从老师的课堂教学中,您感觉自己在专业实践知识方面	1.000	0.762
从老师的课堂教学中,您感觉自己在创新思维能力提升方面	1.000	0.813
从老师的课堂教学中,您感觉自己在信息获取能力提升方面	1.000	0.776
从老师的课堂教学中,您感觉自己在人际交往与合作能力提升方面	1.000	0.761
从老师的课堂教学中,您感觉自己在获得自我肯定与认同方面	1.000	0.782
从老师的课堂教学中,您感觉自己在公平竞争意识与能力提升方面	1.000	0.768

续表

测试题目	初始	提取
从老师的课堂教学中,您感觉自己在创新思维能力提升方面	1.000	0.810
从老师的课堂教学中,您感觉自己在信息获取能力提升方面	1.000	0.773
从老师的课堂教学中,您感觉自己在人际交往与合作能力提升方面	1.000	0.759
从老师的课堂教学中,您感觉自己在获得自我肯定与认同方面	1.000	0.781
从老师的课堂教学中,您感觉自己在公平竞争意识与能力提升方面	1.000	0.768

提取方法:主成分分析。

再看图 4-7 的碎石图,从第 5 个因子之后,坡度线变得非常平缓,所以还是以保留 4～5 个公共因子比较适宜。接着分析表 4-13 转轴前后的整体解释变异数,可以看到累积百分比达到 73.910%,这表明数据的解释能力是比较好的。而且,特征值大于 1 的有 4 个,这也是因子分析时所抽出的共同因子数。

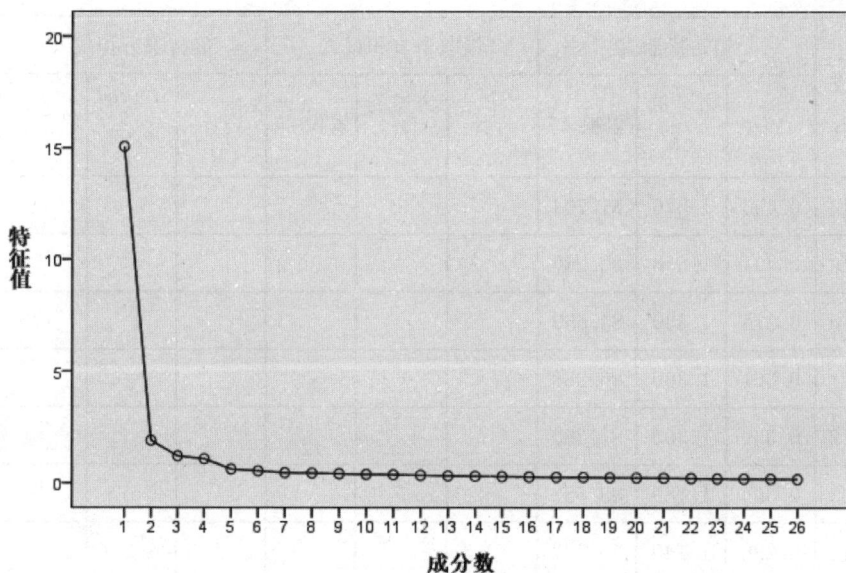

图 4-7 碎石图（第二次探索性因子分析）

表 4-13 整体解释变异数（第二次探索性因子分析）

成分	初始特征值			提取平方和载入			旋转平方和载入		
	合计	方差的/%	累积/%	合计	方差的/%	累积/%	合计	方差的/%	累积/%
1	15.053	57.898	57.898	15.053	57.898	57.898	5.975	22.979	22.979
2	1.890	7.268	65.166	1.890	7.268	65.166	5.136	19.754	42.732
3	1.199	4.612	69.778	1.199	4.612	69.778	4.938	18.991	61.724
4	1.074	4.132	73.910	1.074	4.132	73.910	3.168	12.186	73.910
5	0.610	2.346	76.256						
6	0.530	2.039	78.295						
7	0.451	1.733	80.028						

续表

成分	初始特征值			提取平方和载入			旋转平方和载入		
	合计	方差的/%	累积/%	合计	方差的/%	累积/%	合计	方差的/%	累积/%
8	0.436	1.676	81.704						
9	0.404	1.556	83.260						
10	0.374	1.439	84.699						
11	0.361	1.389	86.088						
12	0.339	1.305	87.393						
13	0.309	1.189	88.582						
14	0.296	1.140	89.722						
15	0.279	1.073	90.795						
16	0.267	1.025	91.820						
17	0.254	0.978	92.798						
18	0.251	0.967	93.765						
19	0.237	0.912	94.676						
20	0.230	0.884	95.561						
21	0.220	0.845	96.406						
22	0.209	0.803	97.209						
23	0.192	0.737	97.946						
24	0.184	0.708	98.653						
25	0.183	0.703	99.356						
26	0.167	0.644	100.000						

提取方法:主成分分析。

接下来继续看表4-14转轴后的因子矩阵,转轴的目的在于重新安排题目在每个共同因子的因子负荷量,转轴后会使原先转轴前因子负荷量较大者变得更大,转轴前因子负荷量较小者也变得更小。表4-14的数据显示,这26个题目中再次出现了双因素载荷的情况,第4、8、9、10、22个题目均有变量在两个公因子上的负荷量同时大于0.45,表明这五个题目对于测量目的的解释能力比较弱,所以,需要对这五个题目予以删除。

表4-14 转轴后的因子矩阵（第二次探索性因子分析）

测试题目	成分			
	1	2	3	4
您对于老师制作的多媒体课件视觉效果感到	0.227	0.220	0.314	0.733
您对于老师操作多媒体设备的能力感到	0.248	0.282	0.204	0.788
您对于多媒体教室的空间布局合理性感到	0.304	0.316	0.220	0.681
您对于老师将信息技术与教学内容进行融合的能力感到	0.533	0.383	0.280	0.689
您对于课堂上能够与其他同学相互合作、交流、讨论的机会感到	0.240	0.673	0.307	0.257
您对于老师与学生相处时的态度感到	0.300	0.635	0.303	0.456
您对于老师借助信息技术增加学生之间的互动与合作气氛的能力感到	0.283	0.697	0.310	0.269

续表

测试题目	成分			
	1	2	3	4
您对于老师除了关注传统的分数评价,更注重对学生进行描述性评价的做法感到	0.495	0.765	0.276	0.213
您对于老师重视学生进行自我评价的做法感到	0.524	0.768	0.255	0.234
您对于老师重视学生与学生之间进行相互评价的做法感到	0.500	0.747	0.260	0.203
您对于多媒体教室的桌椅摆放方式感到	0.297	0.699	0.298	0.201
您对于多媒体教室内的媒体视听效果感到	0.609	0.327	0.269	0.229
您对于老师与学生进行课后交流的次数感到	0.760	0.243	0.230	0.220
您对于老师参与学生课堂讨论的次数感到	0.780	0.202	0.257	0.210
您对于同学参与课堂交流的积极性感到	0.820	0.186	0.249	0.184
您对于多媒体教室的设备运转性能感到	0.764	0.258	0.210	0.179
您对于老师提供的学习资源使用便捷性感到	0.700	0.290	0.253	0.208

续表

测试题目	成分			
	1	2	3	4
您对于老师提供的学习资源丰富多样性感到	0.783	0.204	0.302	0.140
您对于老师提供的学习资源科学性、权威性感到	0.756	0.232	0.322	0.160
从老师的课堂教学中,您感觉自己在专业理论知识方面	0.355	0.295	0.643	0.278
从老师的课堂教学中,您感觉自己在专业实践知识方面	0.320	0.287	0.711	0.267
从老师的课堂教学中,您感觉自己在创新思维能力提升方面	0.510	0.331	0.711	0.255
从老师的课堂教学中,您感觉自己在信息获取能力提升方面	0.303	0.330	0.726	0.182
从老师的课堂教学中,您感觉自己在人际交往与合作能力提升方面	0.322	0.334	0.733	0.170
从老师的课堂教学中,您感觉自己在获得自我肯定与认同方面	0.311	0.306	0.655	0.223
从老师的课堂教学中,您感觉自己在公平竞争意识与能力提升方面	0.316	0.363	0.701	0.211

提取方法:主成分分析法。

旋转法:具有 Kaiser 标准化的正交旋转法。

a. 旋转在 6 次迭代后收敛。

3. 第三次探索性因子分析

经过第二次探索性因子分析之后，量表中还保留有 21 个题目。再次采用主成分分析法对量表进行第三次探索性因子分析，其 KMO 和 Bartlett 检验结果如图 4-8 所示，KMO 的值为 0.908，p 值为 0.000，表明观测变量适合做因子分析。在表 4-15 的共同性检验中，所有题目抽取的共同性均大于 0.6，符合一般性要求。

取样足够度的 KMO 度里。		0.908
Bartlett 的球形度检验	近似卡方	3906.348
	df	210
	Sig.	0.000

图 4-8　KMO 和 Bartlett 检验（第二次探索性因子分析）

表 4-15　共同性检验（第三次探索性因子分析）

测试题目	初始	提取
您对于多媒体教室的设备运转性能感到	1.000	0.681
您对于多媒体教室的空间布局合理性感到	1.000	0.764
您对于多媒体教室内的媒体视听效果感到	1.000	0.638
您对于多媒体教室的课桌椅摆放方式感到	1.000	0.700
您对于课堂上能够与其他同学相互合作、交流、讨论的机会感到	1.000	0.668
您对于老师与学生进行课后交流的次数感到	1.000	0.648
您对于同学参与课堂交流的积极性感到	1.000	0.733
您对于老师参与学生课堂讨论的次数感到	1.000	0.689
您对于老师与学生相处时的态度感到	1.000	0.649

续表

测试题目	初始	提取
您对于老师操作多媒体设备的能力感到	1.000	0.684
您对于老师提供的学习资源丰富多样性感到	1.000	0.647
您对于老师提供的学习资源使用便捷性感到	1.000	0.718
您对于老师提供的学习资源科学性、权威性感到	1.000	0.673
您对于老师制作的多媒体课件视觉效果感到	1.000	0.730
您对于老师借助信息技术增加学生之间互动与合作气氛的能力感到	1.000	0.723
从老师的课堂教学中,您感觉自己在专业理论知识方面	1.000	0.635
从老师的课堂教学中,您感觉自己在专业实践知识方面	1.000	0.695
从老师的课堂教学中,您感觉自己在信息获取能力提升方面	1.000	0.705
从老师的课堂教学中,您感觉自己在人际交往与合作能力提升方面	1.000	0.713
从老师的课堂教学中,您感觉自己在获得自我肯定与认同方面	1.000	0.752
从老师的课堂教学中,您感觉自己在公平竞争意识与能力提升方面	1.000	0.729

提取方法:主成分分析法。

再看碎石图,如图4-9所示。从第5个因子之后,坡度线变得非常平缓,所以还是以保留 4～5 个公共因子比较适宜。接着分析表 4-16 转轴前后的整体解释变异数,可以看到累积百分比达到 69.150%,这表明数据的解释能力是比较好的。而且,特征值大于 1 的有 4 个,这也是因子分析时所抽出的共同因子数。

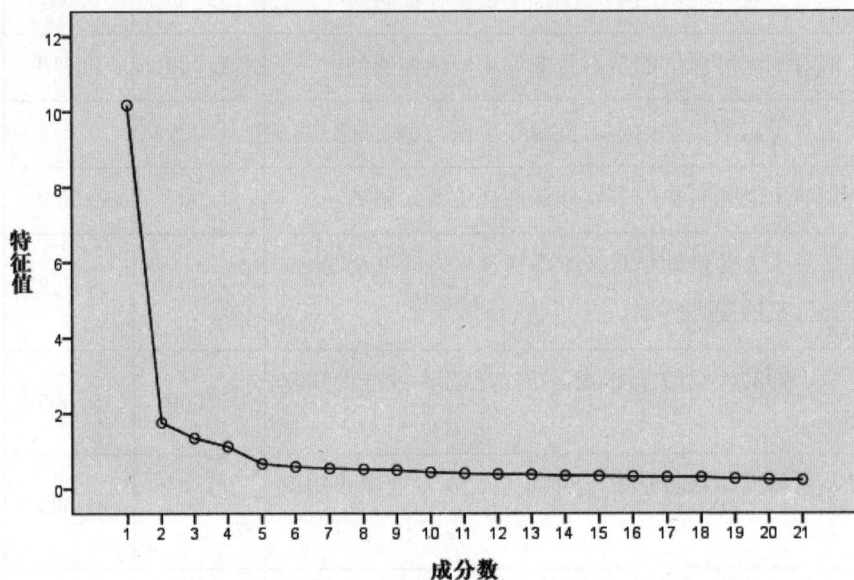

图 4-9　碎石图（第三次探索性因子分析）

表 4-16　整体解释变异数（第三次探索性因子分析）

成分	初始特征值			提取平方和载入			旋转平方和载入		
	合计	方差的/%	累积/%	合计	方差的/%	累积/%	合计	方差的/%	累积/%
1	10.588	50.420	50.420	10.588	50.420	50.420	4.785	22.785	22.785
2	1.546	7.364	57.785	1.546	7.364	57.785	4.528	21.564	44.348
3	1.287	6.126	63.911	1.287	6.126	63.911	2.920	13.903	58.251
4	1.100	5.239	69.150	1.100	5.239	69.150	2.289	10.899	69.150

续表

成分	初始特征值			提取平方和载入			旋转平方和载入		
	合计	方差的/%	累积/%	合计	方差的/%	累积/%	合计	方差的/%	累积/%
5	0.640	3.048	72.198						
6	0.576	2.744	74.942						
7	0.535	2.548	77.490						
8	0.459	2.188	79.678						
9	0.441	2.099	81.77						
10	0.429	2.042	83.818						
11	0.379	1.804	85.623						
12	0.375	1.785	87.407						
13	0.344	1.638	89.046						
14	0.329	1.569	90.614						
15	0.314	1.496	92.110						
16	0.309	1.469	93.579						
17	0.304	1.446	95.025						
18	0.288	1.372	96.397						
19	0.270	1.285	97.682						
20	0.253	1.207	98.889						
21	0.233	1.111	100.000						

提取方法：主成分分析法。

接下来继续看表4-17转轴后的因子矩阵,表4-17的数据结果显示,这21个题目均没有出现双因素载荷的情况,所以不需要再对题目进行删除。

表 4-17　转轴后的因子矩阵（第三次探索性因子分析）

测试题目	成分			
	1	2	3	4
您对于多媒体教室的设备运转性能感到	0.140	0.295	0.139	0.700
您对于多媒体教室的空间布局合理性感到	0.197	0.147	0.214	0.813
您对于多媒体教室内的媒体视听效果感到	0.236	0.186	0.222	0.667
您对于多媒体教室的课桌椅摆放方式感到	0.177	0.338	0.336	0.708
您对于课堂上能够与其他同学相互合作、交流、讨论的机会感到	0.154	0.233	0.700	0.223
您对于老师与学生进行课后交流的次数感到	0.244	0.253	0.690	0.219
您对于班级同学参与课堂交流的积极性感到	0.258	0.255	0.739	0.242
您对于老师参与学生课堂讨论的次数感到	0.357	0.162	0.745	0.100
您对于老师与学生相处时的态度感到	0.267	0.253	0.687	0.203
对于老师操作多媒体设备的能力感到	0.650	0.220	0.208	0.204
您对于老师提供的学习资源丰富多样性感到	0.733	0.234	0.147	0.186
您对于老师提供的学习资源使用便捷性感到	0.798	0.154	0.187	0.150

续表

测试题目	成分			
	1	2	3	4
您对于老师提供的学习资源的科学性、权威性感到	0.799	0.204	0.258	0.109
对于老师制作的多媒体课件视觉效果感到	0.725	0.252	0.146	0.100
对于老师借助信息技术增加学生之间的互动与合作气氛的能力感到	0.775	0.274	0.176	0.127
从老师的课堂教学中,您感觉自己在专业理论知识方面	0.306	0.696	0.254	0.262
从老师的课堂教学中,您感觉自己在专业实践知识方面	0.269	0.616	0.256	0.256
从老师的课堂教学中,您感觉自己在信息获取能力提升方面	0.260	0.710	0.278	0.237
从老师的课堂教学中,您感觉自己在人际交往与合作能力提升方面	0.228	0.725	0.276	0.145
从老师的课堂教学中,您感觉自己在获得自我肯定与认同方面	0.208	0.706	0.264	0.136
从老师的课堂教学中,您感觉自己在公平竞争意识与能力提升方面	0.255	0.789	0.288	0.186

提取方法:主成分分析法。

旋转法:具有 Kaiser 标准化的正交旋转法。

a. 旋转在 6 次迭代后收敛。

4.3.6 正式量表的形成

至此,终于得到本研究所需要的正式测量量表,正式量表由 21 个题项组成。对这 21 个题目进行再次编号,形成本研究的正式量表,见表 4-18。表 4-18 中的编号作为本研究量表题项的正式编号,在后续章节中将继续采用。本研究的正式量表完整内容见附录 2。

表 4-18 本研究正式量表题项

编号	题目
Q1	您对于多媒体教室的设备运转性能感到
Q2	您对于多媒体教室的空间布局合理性感到
Q3	您对于多媒体教室内的媒体视听效果感到
Q4	您对于多媒体教室的课桌椅摆放方式感到
Q5	您对于课堂上能够与其他同学相互合作、交流、讨论的机会感到
Q6	您对于老师与学生进行课后交流的次数感到
Q7	您对于同学参与课堂交流的积极性感到
Q8	您对于老师参与学生课堂讨论的次数感到
Q9	您对于老师与学生相处时的态度感到
Q10	您对于老师操作多媒体设备的能力感到
Q11	您对于老师提供的学习资源丰富多样性感到
Q12	您对于老师提供的学习资源使用便捷性感到
Q13	您对于老师提供的学习资源科学性、权威性感到
Q14	您对于老师制作的多媒体课件视觉效果感到
Q15	您对于老师借助信息技术增加学生之间互动与合作气氛的能力感到

续表

编号	题目
Q16	从老师的课堂教学中,您感觉自己在专业理论知识方面
Q17	从老师的课堂教学中,您感觉自己在专业实践知识方面
Q18	从老师的课堂教学中,您感觉自己在信息获取能力提升方面
Q19	从老师的课堂教学中,您感觉自己在人际交往与合作能力提升方面
Q20	从老师的课堂教学中,您感觉自己在获得自我肯定与认同方面
Q21	从老师的课堂教学中,您感觉自己在公平竞争意识与能力提升方面

第5章　信息化对大学生课堂学习收获影响的模型验证

5.1 抽样与调查

5.1.1 调查对象与问卷发放

自 1986 年中华人民共和国第六届全国人民代表大会第四次会议通过的"七五"计划正式公布以来,我国将各个区域按照所处地理方位划分为东部、中部和西部三大地区,这种划分方式一直沿用至今。东部地区包括北京、天津、河北、辽宁、上海、江苏、浙江、福建、山东、广东和海南等 11 个省(市);中部地区包括山西、吉林、黑龙江、安徽、江西、河南、湖北、湖南等 8 个省;西部地区包括四川、重庆、贵州、云南、西藏、陕西、甘肃、青海、宁夏、新疆、广西、内蒙古等 12 个省(区)。相应地,处于相应地区的各高等学校也随之被称为东部高校、中部高校和西部高校。在本研究中,调查的总体是全国各普通高等学校在读本科生。在问卷发放过程中,主要依据同质抽样和方便抽样的基本原则进行调查样本的选取。与异质抽样相比,同质抽样是选取具有典型意义的、特征相近的个体作为样本,因此能够代表大多数样本。

在本研究中,调查样本主要来自位于中部地区的湖南农业大学(湖南)、湘潭大学(湖南)、长沙理工大学(湖南)、湖南科技学院(湖南)、湖南文理学院(湖南)、河南师范大学(河南)、河南中医药大学(河南)、河南科技学院(河南)等多所高校的在读本科生;同时,也有少量调查样本来自位于东部地区的北京印刷学院（北京）、集美大学（福建）、广州商学院（广东）、苏州科技大学（江苏）和位于西部地区的云南师范大学（云南）、陕西学前师范学院（陕西）等高校的在读本科生。考虑到调查样本来源的广泛性，结合信息化时代大学生的学习与生活特性，本研究采用了基于网络的问卷发放方式，依托问卷星网络平台（https://www.wjx.cn/）进行正式问卷的发放。具体发放方式主要有三种：一是借助问卷星平台生成微信链接地址，然后通过微信群、微信朋友圈进行问卷链接的扩散；二是借助问卷星平台生成 qq 链接地址，再借助 qq 群、qq 动态等的分享功能进行问卷的快速传播；三是向在各高校工作学习的老师、学生、朋友等进行求助，请其帮忙邀请身边的本科生进行作答。

在上述高校多位教师的帮助之下，共通过问卷星平台收到答复问卷 2098 份，其中有效问卷 1620 份，有效率为 77.22%。首先，对调查样本的人口统计变量（所在高校、所学专业、性别、年级）进行了统计，具体信息内容见表 5-1。从表 5-1 可以看出，被调查者主要集中在湖南、河南两省的多所本科高校，其中有 68.52 的被调查者来自湖南高校，有 25.99% 的被调查者来自河南高校，还有 2.96% 的被调查者来自东部地区高校和 2.53% 的被调查者来自西部地区高校，这与本研究的样本采集策略有关；从被调查者所学专业来看，涵盖了教育学、管理学、工学、农学、文学、理学、艺术学、经济学、法学、哲学、医学等 11 个学科门类，覆盖面比较广泛，具有较强的代表性；从性别来看，男性和女性所占比例分别为 38.77% 和 61.23%，男女比例比较均衡；从年级分布上来看，本科一年级、本科二年级、本科三年级和本科四年级所占比例分别为 39.26%、31.42%、18.59% 和 10.73%，表明来自本科一年级和本科二年级的被调查者占据大多数比例，本科四年级的被调查者则最少。

表 5-1　调查样本的基本特征

变量名称	类别描述	样本数量	比例
所在高校	湖南农业大学	246	15.19%
	湘潭大学	82	5.06%
	长沙理工大学	328	20.25%
	湖南科技学院	365	22.53%
	湖南文理学院	89	5.49%
	河南师范大学	178	10.99%
	河南中医药大学	64	3.95%
	河南科技学院	179	11.05%
	北京印刷学院	20	1.23%
	苏州科技大学	10	0.62%
	广州商学院	8	0.49%
	集美大学	10	0.62%
	云南师范大学	24	1.48%
	陕西学前师范学院	17	1.05%
所学专业	教育学	367	22.65%
	管理学	152	9.38%
	工学	560	34.57%
	农学	11	0.68%
	文学	178	10.99%

续表

变量名称	类别描述	样本数量	比例
	理学	102	6.30%
	艺术学	68	4.20%
	经济学	96	5.93%
	法学	20	1.23%
	哲学	2	0.12%
	医学	64	3.95%
性别	男	628	38.77%
	女	992	61.23%
年级	本科一年级	636	39.26%
	本科二年级	509	31.42%
	本科三年级	301	18.59%
	本科四年级	174	10.73%

总体来说,本研究的调查样本在人口统计变量的四个区间（所在高校、所学专业、性别、年级）内分布比较均匀,能够较好地代表本研究问题所涉及的参与主体。

5.1.2 描述性统计分析

对这 1620 份量表数据进行描述性统计分析,各题项的得分情况见表 5-2。从表 5-2 可以看出,各题项的偏度与峰度的绝对值都符合正态分布的特点,再结合各题项的数据 P-P 图和 Q-Q 图来看,大部分数据点都位于直线上,还有少数数据点是紧贴在直线附近的。所以,可以说这次的调查数据基本上是满足正态分布的。

表 5-2 正式量表各题项得分情况

题项	样本数	极小值	极大值	均值	标准误	标准差	偏度	标准误	峰度	标准误
1	1620	1	5	3.80	0.020	0.880	−0.633	0.056	0.564	0.111
2	1620	1	5	3.92	0.019	0.930	−0.587	0.056	0.388	0.111
3	1620	1	5	3.69	0.021	0.856	−0.360	0.056	−0.284	0.111
4	1620	1	5	3.92	0.019	0.919	−0.550	0.056	0.163	0.111
5	1620	1	5	3.93	0.021	0.930	−0.620	0.056	0.074	0.111
6	1620	1	5	3.91	0.021	0.887	−0.634	0.056	0.066	0.111
7	1620	1	5	3.95	0.020	0.888	−0.547	0.056	−0.049	0.111
8	1620	1	5	4.04	0.020	0.880	−0.742	0.056	0.313	0.111
9	1620	1	5	4.03	0.020	0.868	−0.747	0.056	0.394	0.111
10	1620	1	5	3.97	0.020	0.907	−0.598	0.056	0.164	0.111
11	1620	1	5	3.95	0.021	0.979	−0.614	0.056	0.060	0.111
12	1620	1	5	3.70	0.022	1.038	−0.400	0.056	−0.334	0.111
13	1620	1	5	3.60	0.024	1.020	−0.453	0.056	−0.251	0.111
14	1620	1	5	3.61	0.023	1.061	−0.433	0.056	−0.252	0.111
15	1620	1	5	3.48	0.024	1.014	−0.373	0.056	−0.358	0.111
16	1620	1	5	3.66	0.023	0.992	−0.462	0.056	−0.217	0.111
17	1620	1	5	3.75	0.023	1.105	−0.579	0.056	−0.013	0.111
18	1620	1	5	3.44	0.025	1.042	−0.335	0.056	−0.471	0.111
19	1620	1	5	3.56	0.024	0.873	−0.389	0.056	−0.348	0.111
20	1620	1	5	3.86	0.020	0.911	−0.566	0.056	0.352	0.111
21	1620	1	5	3.80	0.021	0.923	−0.464	0.056	−0.005	0.111

续表

题项	样本数	极小值	极大值	均值	标准误	标准差	偏度	标准误	峰度	标准误
22	1620	1	5	3.74	0.021	0.858	−0.338	0.056	−0.223	0.111
23	1620	1	5	3.87	0.019	0.897	−0.411	0.056	−0.087	0.111
24	1620	1	5	3.77	0.020	0.858	−0.298	0.056	−0.268	0.111
25	1620	1	5	3.81	0.020	0.881	−0.367	0.056	−0.123	0.111
26	1620	1	5	3.84	0.020	0.863	−0.373	0.056	−0.076	0.111

5.1.3 信度和效度分析

信度，反映的是测验结果的一致性、稳定性与可靠性。信度系数越高，表明该测验的结果越稳定与可靠。在本研究中，是以科隆巴赫 α 系数值作为度量标准。使用 SPSS 17.0 统计软件对正式量表进行信度分析，各项维度的信度分析结果见表 5-3。从表 5-3 可以看出，各观察变量对应题项的科隆巴赫 α 系数均大于 0.80，这表明正式量表各项维度的信度是比较好的。

表 5-3 正式量表各变量的信度分析

变量	被试人数	题项数目	克朗巴哈系数
信息化课堂环境	1620	4	0.847
课堂人际关系	1620	5	0.881
教师信息化教学能力	1620	6	0.894
学生课堂学习收获	1620	6	0.914

效度，反映的是测量工具或手段能够准确测出所需测量的事物的程度。测量结果与要考察的内容越吻合，效度越高；反之，则效度越低。在本研究中，使用 SPSS 17.0 统计软件对量表数据进行探索性因子分析，采取主成分正交

旋转法对数据进行分析,分析结果如图 5-1 所示。KMO 的值为 0.955,p 值为 0.000,表明观测变量适合做因子分析。

KMO 和 Bartlett 的检验

取样足够度的 KMO 度里。	0.955
Bartlett 的球形度检验　近似卡方	21833.531
df	210
Sig.	0.000

图 5-1　效度分析

表 5-4 为累积解释总方差一览表,从该表可以看出,累积解释总方差已经达到 68.447%,这表明前述四个变量可以解释大部分的变异。而且结合表 5-5 旋转成分矩阵的情况来看,各个题项均能卸载在正确因子之上,因子载荷量均在 0.50 以上,说明该量表具有良好的结构效度。

表 5-4　累积解释总方差

成分	初始特征值			提取平方和载入			旋转平方和载入		
	合计	方差的 %	累积 %	合计	方差的 %	累积 %	合计	方差的 %	累积 %
1	10.180	48.478	48.478	10.180	48.478	48.478	4.048	19.278	19.278
2	1.750	8.332	56.811	1.750	8.332	56.811	4.004	19.065	38.343
3	1.336	6.364	63.175	1.336	6.364	63.175	3.450	16.428	54.771
4	1.107	5.273	68.447	1.107	5.273	68.447	2.872	13.676	68.447
5	0.657	3.129	71.577						
6	0.576	2.745	74.322						
7	0.530	2.526	76.848						

续表

成分	初始特征值			提取平方和载入			旋转平方和载入		
	合计	方差的%	累积%	合计	方差的%	累积%	合计	方差的%	累积%
8	0.509	2.425	79.273						
9	0.486	2.315	81.588						
10	0.429	2.044	83.632						
11	0.400	1.905	85.537						
12	0.377	1.797	87.334						
13	0.369	1.757	89.090						
14	0.340	1.621	90.711						
15	0.330	1.572	92.283						
16	0.314	1.493	93.776						
17	0.298	1.419	95.195						
18	0.294	1.398	96.593						
19	0.258	1.230	97.823						
20	0.236	1.126	98.949						
21	0.221	1.051	100.000						

提取方法：主成分分析法。

表 5-5　旋转成分矩阵

测试题目	成分			
	1	2	3	4
您对于多媒体教室的设备运转性能感到	0.140	0.285	0.139	0.749

您对于多媒体教室的空间布局合理性感到	0.187	0.147	0.214	0.836
您对于多媒体教室内的媒体视听效果感到	0.236	0.166	0.262	0.697
您对于多媒体教室的课桌椅摆放方式感到	0.172	0.238	0.336	0.702
您对于课堂上能够与其他同学相互合作、交流、讨论的机会感到	0.174	0.263	0.720	0.223
您对于老师与学生进行课后交流的次数感到	0.244	0.253	0.690	0.219
您对于班级同学参与课堂交流的积极性感到	0.228	0.275	0.739	0.242
您对于老师参与学生课堂讨论的次数感到	0.157	0.262	0.745	0.199
您对于老师与学生相处时的态度感到	0.267	0.253	0.687	0.203
您对于老师操作多媒体设备的能力感到	0.550	0.250	0.278	0.204
您对于老师提供的学习资源丰富多样性感到	0.733	0.234	0.147	0.186
您对于老师提供的学习资源使用便捷性感到	0.798	0.154	0.187	0.150
您对于老师提供的学习资源的科学性、权威性感到	0.740	0.204	0.218	0.189

测试题目	成分			
	1	2	3	4
您对于老师借助信息技术增加学生之间的互动与合作气氛的能力感到	0.775	0.274	0.176	0.127
从老师的课堂教学中,您感觉自己在专业理论知识方面	0.316	0.645	0.224	0.262
从老师的课堂教学中,您感觉自己在专业实践知识方面	0.269	0.716	0.210	0.256
从老师的课堂教学中,您感觉自己在信息获取能力提升方面	0.260	0.710	0.278	0.237
从老师的课堂教学中,您感觉自己在人际交往与合作能力提升方面	0.218	0.754	0.276	0.145
从老师的课堂教学中,您感觉自己在获得自我肯定与认同方面	0.248	0.776	0.264	0.136
从老师的课堂教学中,您感觉自己在公平竞争意识与能力提升方面	0.255	0.739	0.288	0.186

提取方法:主成分分析法。

旋转法:具有 Kaiser 标准化的正交旋转法。

a. 旋转在 6 次迭代后收敛。

5.2 模型拟合度检验

5.2.1 变量的表示

在本研究中,潜在变量有四个,分别为教师信息化教学能力、课堂人际关系、信息化课堂环境和学生课堂学习收获。在使用 Amos 21.0 统计分析软件进行模型验证之前,分别对本研究的指标变量和潜在变量进行符号设定,具体见表 5-6。

表 5-6 变量的设置

潜在变量	指标变量	量表题项	取值情况
信息化 课堂环境	课堂 技术环境	Q1、Q3	非常不满意=1,不太满意=2,一般=3,比较满意=4,非常满意=5
	课堂 物理环境	Q2、Q4	非常不满意=1,不太满意=2,一般=3,比较满意=4,非常满意=5
课堂 师生关系	课堂 师生关系	Q6、Q8、Q9	非常不满意=1,不太满意=2,一般=3,比较满意=4,非常满意=5
	课堂 生生关系	Q5、Q7	非常不满意=1,不太满意=2,一般=3,比较满意=4,非常满意=5
教师信息化 教学能力	信息 技术应用	Q10、Q14、Q15	非常不满意=1,不太满意=2,一般=3,比较满意=4,非常满意=5
	学习 资源建设	Q11、Q12、Q13	非常不满意=1,不太满意=2,一般=3,比较满意=4,非常满意=5

续表

潜在变量	指标变量	量表题项	取值情况
学生课堂学习收获	知识与技能收获	Q16、Q17、Q18	收获很小 =1,收获比较小 =2,一般 =3,收获比较大 =4,收获很大 =5
	精神与心理收获	Q19、Q20、Q21	收获很小 =1,收获比较小 =2,一般 =3,收获比较大 =4,收获很大 =5

5.2.2 模型的运算

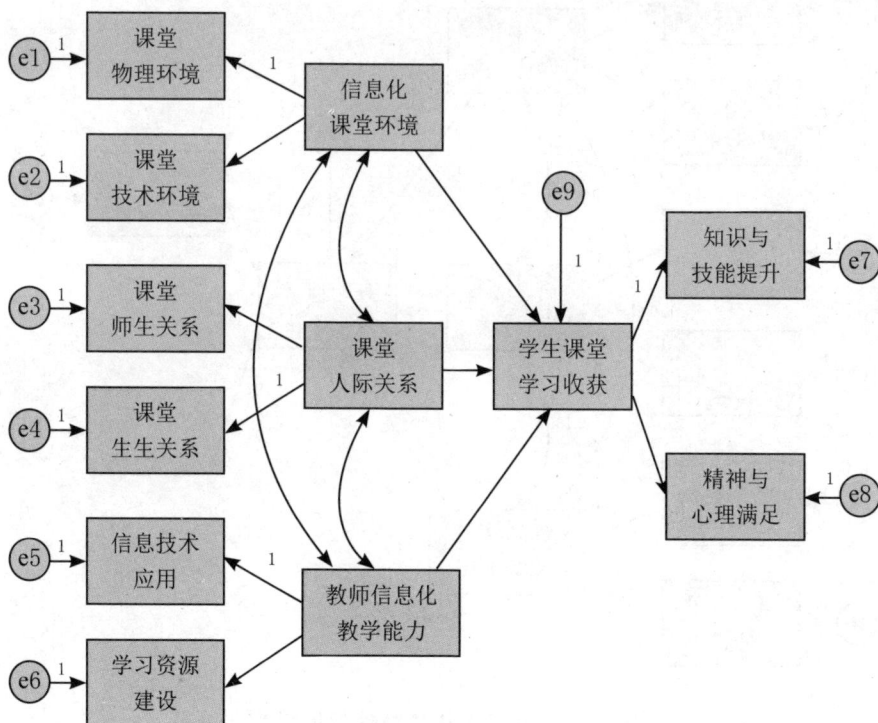

图 5-2 结构方程理论模型

在 Amos 21.0 统计分析软件中绘制结构方程理论模型,运算前的结构方程理论模型如图 5-2 所示。在结构方程理论模型中,信息化课堂环境、课堂人际关系和教师信息化教学能力为外因潜在变量,学生课堂学习收获为内因潜在变量,e1~e8 为各指标变量的误差变量。在 Amos 中绘制结构方程理论模型需要进行一些前提假设:测量模型中测量误差项的路径系数默认为 1,测量模型中必须有一个指标变量的路径系数设定为 1,而且所有的外因潜在变量之间要建立共变关系,所有的内因潜在变量要分别增列一个残差项。在本研究模型中,教师信息化教学能力、课堂人际关系和信息化课堂环境作为外因潜在变量,每两个变量之间均要以双箭头建立彼此间的共变关系;学生课堂学习收获作为内因潜在变量,需要为其增列一个残差项 e9。

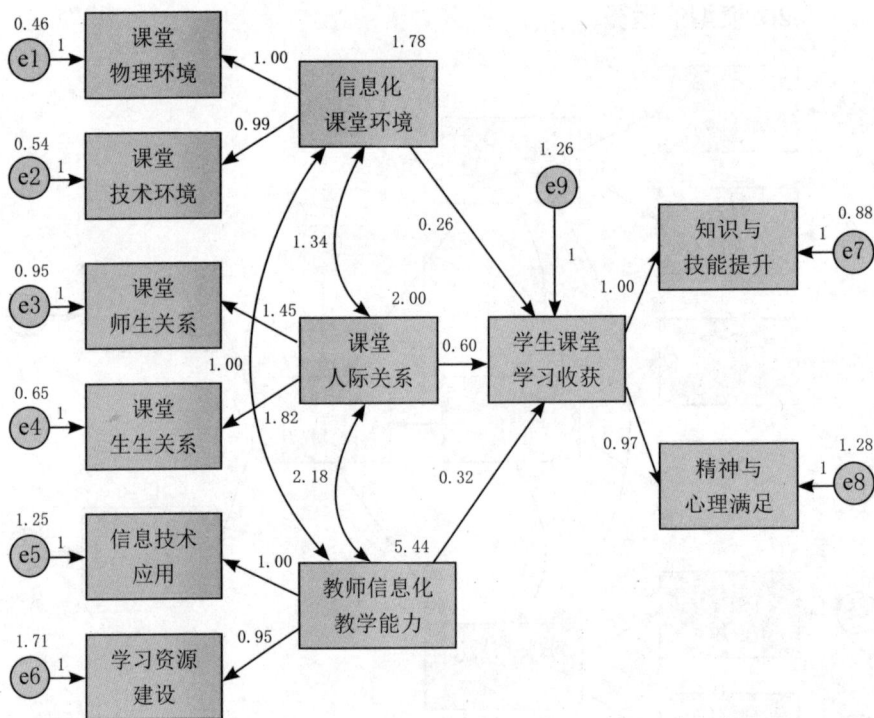

图 5-3 非标准化参数估计值模型

路径图绘制完成之后,对分析属性窗口的 output 选项卡进行参数显示设置,以便于查看相关的数据分析结果。然后,对结构方程理论模型执行运算操作,点选 Calculate estimates 图像按钮之后,模型可以收敛识别,非标准化参

数估计值模型如图 5-3 所示,标准化参数估计值模型如图 5-4 所示。从图 5-3
可以看到,没有出现误差方差为负的情况,这说明模型界定是没有问题的。

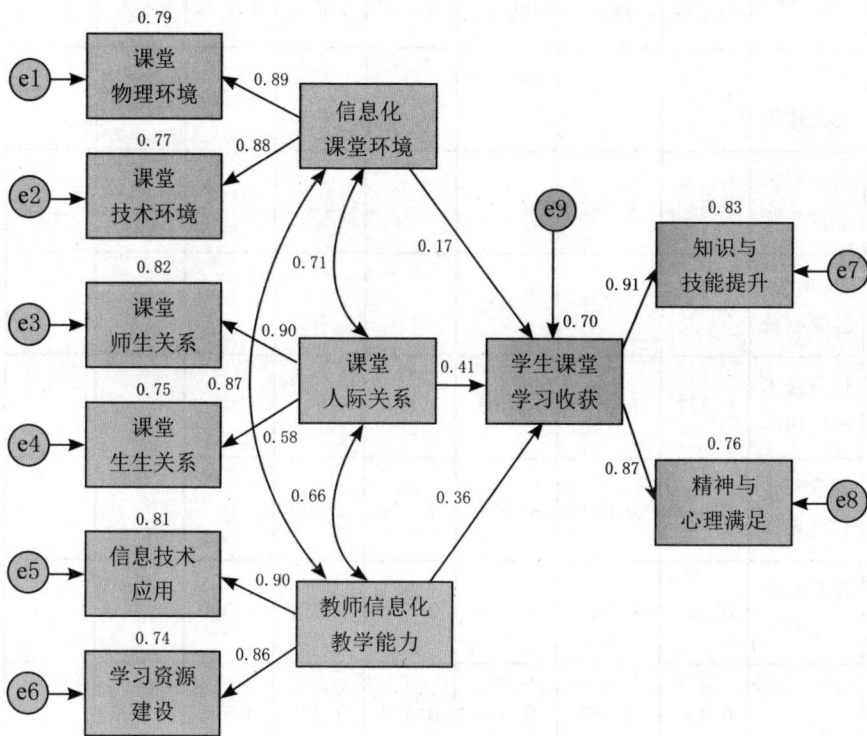

图 5-4   标准化参数估计值模型

表 5-7 为样本的相关系数矩阵,由表中数据可以看出,各个变量之间均
呈现出典型的中度正相关。这表明各个量表题项能够反映出相应指标变量的
测量目的,没有出现量表题项之间高度相关的情况。这也在一定程度上表明
该量表具有较好的区分效度。

表 5-7 相关系数矩阵

指标变量	学习资源建设	精神与心理收获	知识与技能收获	信息技术应用	课堂师生关系	课堂生生关系	课堂物理环境	课堂技术环境
学习资源建设	1.000							
精神与心理收获	0.539	1.000						
知识与技能收获	0.577	0.791	1.000					
信息技术应用	0.777	0.580	0.606	1.000				
课堂师生关系	0.522	0.621	0.627	0.544	1.000			
课堂生生关系	0.484	0.599	0.600	0.510	0.784	1.000		
课堂物理环境	0.458	0.488	0.555	0.488	0.577	0.565	1.000	
课堂技术环境	0.463	0.512	0.558	0.465	0.544	0.533	0.780	1.000

样本协方差矩阵的条件数目 =25.522

Eigenvalues

5.034 887 .685 .539 .230 214 213 .197

5.2.3 模型拟合度评估及修改

对运算后的结构方程模型进行拟合度分析,通过 View Text 查看相应参数的输出结果。表 5-8 的 CMIN 检验结果显示,模型的自由度等于 14,整体模型适配度的卡方值为 50.358,显著性概率值 $p = 0.000 < 0.05$,达 0.05 显著

水平,拒绝虚无假设,表示假设模型与样本数据不能契合。卡方自由度比值＝
3.597 > 3.000,未达模型适配标准。但是,由于当样本数量较大时,卡方值很
容易受到样本数量的影响,卡方值会随之变大,显著性概率值 p 会随之变小,
很容易出现假设模型被拒绝的情形。也就是说,随着样本量的增大,卡方值的
波动性很大,而 RFI 值、CFI 值、NFI 值、TLI 值、IFI 值、GFI 值、AGFI 值、
RMSEA 值、CN 值等其他评价指标的波动性则较小,所以在大样本的情况
下,当判断假设模型与样本数据是否适配时,就不能再将 p 值、卡方自由度比
值作为唯一的评判标准,还要结合那些受样本量影响较小的九大类模型适配
度指标进行综合判断。[1]考虑到本研究样本数为1620,已经属于典型的大样本
情况,所以不能仅仅依靠 p 值、卡方自由度比值来评判模型的拟合情况,还需
要再结合其他的检验数据来进行综合评价。

表 5-8　卡方值

模型	残差均方根	拟合优度指数	调整拟合优度指数	简约拟合优度指数
预设模型	0.043	0.992	0.980	0.386
饱和模型	0.000	1.000		
独立模型	2.337	0.296	0.094	0.230

根据上述分析,本研究根据多位学者的研究成果,将结构方程整体模型
适配度的常用评价指标及其评价标准如表 5-9 所示。

---

①吴明隆. 结构方程模型——AMOS 的操作与应用[M]. 重庆 : 重庆大学出版社,2010 :490-
491.

表 5-9 整体模型适配度的常用评价指标^①

指标类型	指标	适配的标准或临界值
绝对拟合度指标	CMIN	$P > 0.05$
	CMIN/DF	$P < 3.000$
	GFI	$P > 0.90$
	AGFI	$P > 0.90$
	RMSEA	$P < 0.05$
增值拟合度指标	NFI	$P > 0.90$
	RFI	$P > 0.90$
	IFI	$P > 0.90$
	TLI	$P > 0.90$
	CFI	$P > 0.90$
	CN	$P > 200$

表 5-10 残差均方根,拟合优度指数

模型	残差均方根	拟合优度指数	调整拟合优度指数	简约拟合优度指数
预设模型	0.043	0.992	0.980	0.386
饱和模型	0.000	1.000		
独立模型	2.337	0.296	0.094	0.230

---

① 本评价指标主要依据下述多位学者的研究成果:

a. 吴明隆. 结构方程模型——AMOS 的操作与应用[M]. 重庆:重庆大学出版社,2010:52-53.

b. 荣泰生. AMOS 与研究方法[M]. 重庆:重庆大学出版社,2009:128-129.

c. 沈霄凤,范云欢. 教育信息处理应用[M]. 上海:华东师范大学出版社,2012:152-153.

表 5-11 基线比较

模型	NFI Delta1	RFI rho1	IFI Delta2	TLI rho2	CFI
预设模型	0.995	0.989	0.996	0.992	0.996
饱和模型	1.000		1.000		1.000
独立模型	0.000	0.000	0.000	0.000	0.000

表 5-12 近似误差均方根

模型	RMSEA	LO 90	HI 90	PCLOSE
预设模型	0.040	0.028	0.052	0.907
独立模型	0.450	0.442	0.457	0.000

表 5-13 Hoelter

模型	HOELTER 0.05	HOELTER 0.01
预设模型	762	937
独立模型	8	9

从表 5-10 至表 5-13 的检验结果看到，RFI 值＝0.989＞0.900，CFI 值＝0.996＞0.900，NFI 值＝0.995＞0.900，TLI 值＝0.992＞0.900，IFI 值＝0.996＞0.900，GFI 值＝0.992＞0.900，AGFI 值＝0.980＞0.900，RMSEA 值＝0.040＜0.05，CN 值＝762＞200，均达模型适配标准，表示假设因果模型可以被接受。

在前述分析中，除了卡方值、卡方自由度比值未达模型适配标准，其他统计量均达到模型适配标准的指标，这样的模型是可以被接受的。但是，我们也可以根据检验结果提供的修正指标值，适时对模型进行修正。一般来说，如果修正指标值大于5,表示该残差值具有修正的必要;当参数的修正指标值较大时,表示要进行变量间的释放或路径系数的删除。本研究模型的修正指标见表5-14至表5-16。需要注意的是,无论是进行变量之间的参数释放,还是变量间的因果关系路径删除,均不能违反结构方程模型的假设或与理论模型假设相矛盾。

表5-14 协方差(组数1-理论模型)

因果关系路径	修正指标值	估计参数变量
e6 <--> 信息化课堂环境	4.119	0.086
e8 <--> 课堂人际关系	11.329	0.121
e8 <--> 信息化课堂环境	12.548	0.128
e7 <--> 课堂人际关系	9.410	0.104
e7 <--> 信息化课堂环境	10.425	0.109
e1 <--> 课堂人际关系	4.663	0.051
e1 <--> 教师信息化教学能力	4.956	0.096
e1 <--> e8	15.703	0.117
e1 <--> e5	5.845	0.082
e2 <--> 课堂人际关系	5.016	0.054
e2 <--> 教师信息化教学能力	5.291	0.102
e2 <--> e9	4.168	0.065

表5-15 方差(组数1-理论模型)

	修正指标值	估计参数变量

表 5-16 回归权重（组数 1- 理论模型）

因果关系路径	修正指标值	估计参数变量
精神与心理收获 <--> 课堂物理环境	7.862	0.062
课堂物理环境 <--> 精神与心理收获	6.016	0.024

在表 5-14 至表 5-16 显示的修正指标中，最大的修正指标为测量误差 e1 与测量误差 e8 间的共变关系，其中 e1 是外因潜在变量"信息化课堂环境"测量指标的误差项，e8 是内因潜在变量"学生课堂学习收获"测量指标的误差项，而建立外因潜在变量测量指标误差项与内因潜在变量测量指标误差项的共变关系就会与之前的模型理论架构相违背，所以不能建立 e1 与 e8 之间的共变关系。对于结构方程模型来说，有一个基本假定是测量指标的误差项与潜在因素间无关，[1]所以 e8 与潜在变量"课堂人际关系"之间的共变关系不能释放估计，e8 与潜在变量"信息化课堂环境"之间的共变关系不能释放估计，e7 与潜在变量"课堂人际关系"之间的共变关系不能释放估计，e8 与潜在变量"信息化课堂环境"之间的共变关系不能释放估计。而且，外因潜在变量测量指标与内因潜在变量测量指标所欲测得的潜在特质必须是有所差异的，所以外因潜在变量指标变量"课堂物理环境"与内因潜在变量指标变量"精神与心理收获"之间也不能建立共变关系。还有一个修正指标为测量误差 e1 与测量误差 e5 之间的共变关系，潜在变量"信息化课堂环境"的测量指标"课堂物理环境"与潜在变量"教师信息化教学能力"的测量指标"信息技术应用"之间可能有某种程度的关联，这两个测量误差变量可以考虑加以释放。

用双箭头将 e1 与 e5 联结起来，建立 e1 与 e5 之间的共变关系。再次执行运算操作，点选 Calculate estimates 图像按钮之后，模型可以收敛识别，修正后的非标准化参数估计值模型如图 5-5 所示，修正后的标准化参数估计值模型如图 5-6 所示。

---

①吴明隆. 结构方程模型——AMOS 的操作与应用[M]. 重庆:重庆大学出版社,2010:484.

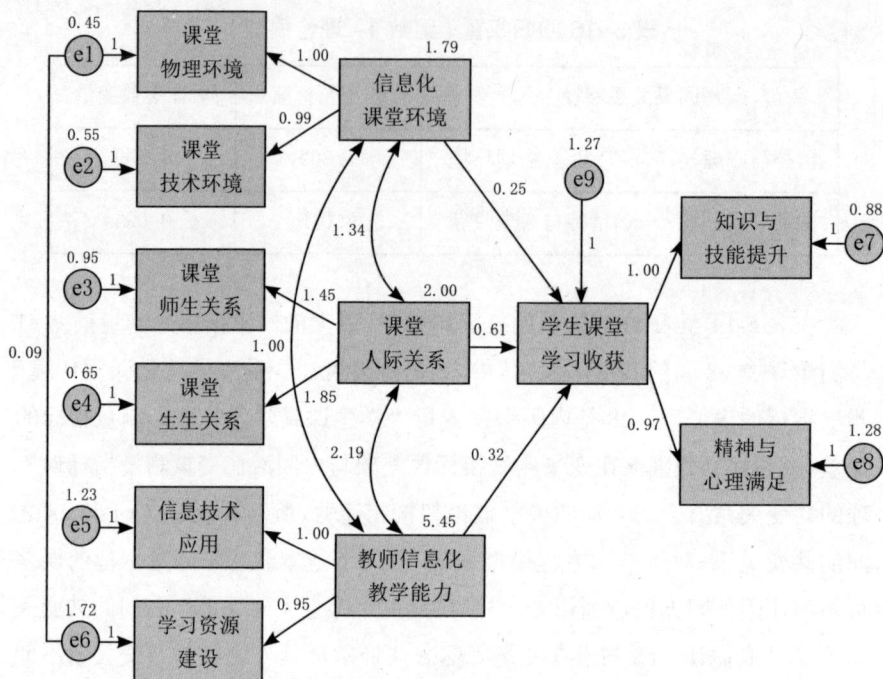

图5-5 非标准化参数估计模型（修正后）

从图5-5可以看出，修正后的非标准化估计值模型图中所有误差方差均为正数，没有出现接近0或小于0的误差变异量。从图5-6显示的标准化参数估计值模型中可以看到，所有标准化回归系数或相关系数的绝对值均小于1，没有出现不合理的参数。对修正后的结构方程模型进行拟合度分析，通过View Text查看相应参数的输出结果，表5-17至表5-21为模型适配度摘要表。表5-17的检验结果显示，模型的自由度等于13，整体模型适配度的卡方值为44.042，显著性概率值$p=0.000<0.05$，卡方自由度比值＝3.388＞3.000。在大样本的情况下，卡方值、卡方自由度比值会随着样本量的增大而增大，因此卡方自由度比值已经不能再作为重要的评判依据。也有学者认为，卡方自由度比值介于2.0到5.0之间时，表示该模型是可以接受的。[1]再结合表5-18至表5-21的检验结果，RFI

①沈霄凤,范云欢. 教育信息处理应用[M]. 上海:华东师范大学出版社,2012:152-153.

值 = 0.990 > 0.900，CFI 值 = 0.997 > 0.900，NFI 值 = 0.995 > 0.900，TLI 值 = 0.993 > 0.900，IFI 值 = 0.997 > 0.900，GFI 值 = 0.993 > 0.900，AGFI 值 = 0.982 > 0.900，RMSEA 值 = 0.038 < 0.05，CN 值 = 823 > 200，均达模型适配标准，表示假设因果模型可以被接受。

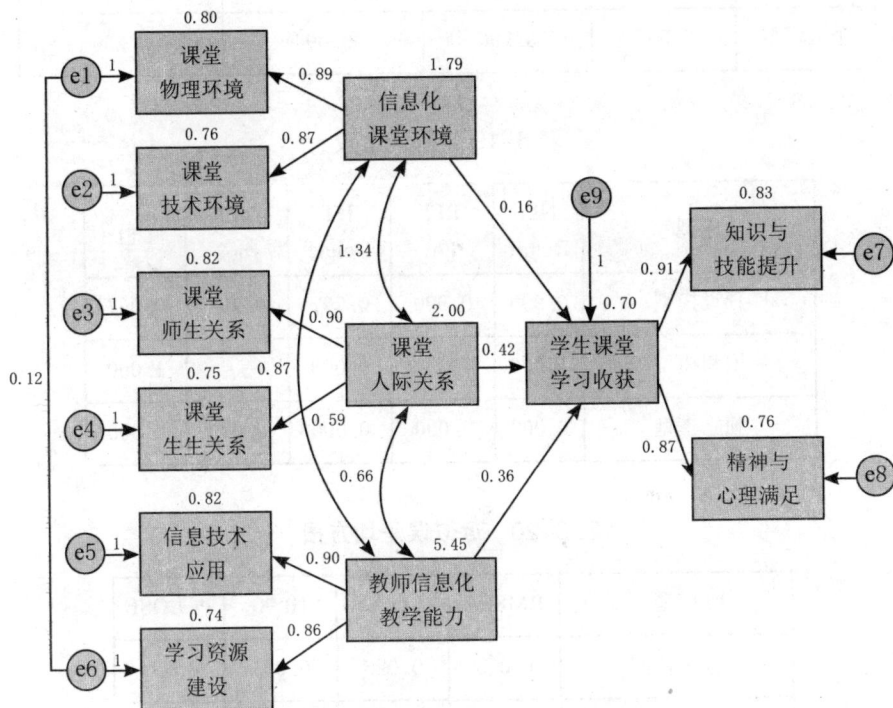

图 5-6 标准化参数估计值模型（修正后）

表 5-17 卡方值

模型	NPAR	CMIN	DF	P	CMINDF
预设模型	23	44.042	13	0.000	3.388
饱和模型	36	0.000	0		
独立模型	8	9190.690	28	0.000	328.239

表 5-18　残差均方根,拟合优度指数

模型	残差均方根	拟合优度指数	调整拟合优度指数	简约拟合优度指数
预设模型	0.039	0.993	0.982	0.359
饱和模型	0.000	1.000		
独立模型	2.337	0.296	0.094	0.230

表 5-19　基线比较

模型	NFI Delta1	RFI rho1	IFI Delta2	TLI rho2	CFI
预设模型	0.995	0.990	0.997	0.993	0.997
饱和模型	1.000		1.000		1.000
独立模型	0.000	0.000	0.000	0.000	0.000

表 5-20　近似误差均方根

模型	RMSEA	LO 90	HI 90	PCLOSE
预设模型	0.038	0.026	0.051	0.931
独立模型	0.450	0.442	0.457	0.000

表 5-21　Hoelter

模型	HOELTER 0.05	HOELTER 0.01
预设模型	823	1018
独立模型	8	9

再来看看输出报表提供的修正指标值,见表 5-22 至表 5-24。根据结构方程模型的基本假定,测量指标的误差项与潜在因素无关,外因潜在变量测量指标误差项与内因潜在变量测量指标误差项无关,外因潜在变量测量误差项与内因潜在变量残差无关。因此,表 5-22 中提供的修正指标值之间的共变关系均不能得到释放。而且,由于外因潜在变量为模型的因,内因潜在变量为果,所以外因潜在变量测量指标与内因潜在变量测量指标的所要取得的潜在特质肯定会有所差异。那么,表 5-24 中所给出的外因潜在变量测量指标"课堂物理环境"和内因潜在变量测量指标"精神与心理收获"之间的共变关系也不能得到释放。也就是说,虽然输出报表中提供了相应的可修正指标信息,但结合结构方程模型的相关理论假定,这些指标值都不能再继续进行修正了,否则将与结构方程模型的相关理论假定相矛盾。

表 5-22　协方差（组数 1- 理论模型）

变　量	修正指标值	估计参数变量
e8 <--> 课堂人际关系	11.469	0.112
e8 <--> 信息化课堂环境	12.412	0.127
e7<--> 课堂人际关系	9.514	0.104
e7<--> 信息化课堂环境	10.299	0.109
e1<-->e9	5.748	0.074
e1<-->e8	16.747	0.121
e2<-->e9	6.239	0.080

表 5-23　方差（组数 1- 理论模型）

	修正指标值	估计参数变量

表 5-24　回归权重（组数 1- 理论模型）

变　量	修正指标值	估计参数变量
精神与心理收获 ← 课堂物理环境	8. 160	0.063
课堂物理环境 ← 精神与心理收获	6. 460	0.025

　　经过上述分析,修正后的模型已经达到了良好的拟合度。但是,即使各种拟合指数显示模型拟合得好,也不能完全保证所有参数的估计值都是具有实际意义的,因此还需要对模型进行参数检验。

5.3 模型参数检验

　　参数检验是评价模型的重要步骤,其目的是检验参数的显著性并评价参数的意义与合理性。每一个自由参数都有一个估计值和相应的标准误差,利用 t 统计量检验"参数等于零"的假设, Amos 输出报表的显示中,临界比值(即 C.R. 值)相当于 t 检验值,临界比值大于 1.96,则参数估计值达到 0.05 显著水平;临界比值绝对值大于 2.58,则参数估计值达到 0.01 显著水平。显著性概率值如果小于 0.001,则 p 值栏会以"***"的形式进行显示;显著性概率值如果大于 0.001,则 p 值栏会直接呈现其数值大小。表 5-25 为采用极大似然法所估计的未标准化回归系数,在模型设定上将"信息化课堂环境→课堂物理环境""课堂人际关系→课堂生生关系""教师信息化教学能力→信息技术应用""学生课堂学习收获→知识与技能收获"的未标准化回归系数设为固定参数值 1,这四个参数不需要进行路径系数显著性检验。从表5-25 可以看出,除参照指标外,其他回归系数均达显著水平, C.R. 绝对值均大于 1.96。

表 5-25 回归权重（组数 1- 理论模型）

路　　径	估计值	S.E.	C.R.	P	变量显示
学生课堂学习收获←教师信息化教学能力	0.316	0.025	12.720		par_1
学生课堂学习收获←信息化课堂环境	0.252	0.047	5.320		par_2
学生课堂学习收获←课堂人际关系	0.611	0.048	12.591		par_6
课堂技术环境←信息化课堂环境	0.990	0.026	38.221		par_3
课堂物理环境←信息化课堂环境	1.000				
课堂生生关系←课堂人际关系	1.000				
课堂师生关系←课堂人际关系	1.448	0.034	43.011		par_4
信息技术应用←教师信息化教学能力	1.000				
学习资源建设←教师信息化教学能力	0.949	0.250	38.606		par_7
精神与心理收获←学生课堂学习收获	0.969	0.22	44.645		par_10
知识与技能收获←学生课堂学习收获	1.000				

表 5-26 为标准化回归系数值（即 β 值），标准化的路径系数代表的是共同因素对测量变量的影响。从表 5-26 可以看出，外因潜在变量"教师信息化教学能力"对内因潜在变量"学生课堂学习收获"的标准化回归系数为 0.359，外因潜在变量"信息化课堂环境"对内因潜在变量"学生课堂学习收获"的标准化回归系数为 0.164，外因潜在变量"课堂人际关系"对内因潜在变量"学生课堂学习收获"的标准化回归系数为 0.420，均达到 0.001 显著水平。标准化回归系数值为正数，表示"教师信息化教学能力""信息化课堂环境""课堂人际关系"对"学生课堂学习收获"的影响均为正向，回归系数符号与原先理论假设模型相符合。

表 5-26　标准化的回归权重（组数 1- 理论模型）

路　径	估计值
学生课堂学习收获←教师信息化教学能力	0.359
学生课堂学习收获←信息化课堂环境	0.164
学生课堂学习收获←课堂人际关系	0.420
课堂技术环境←信息化课堂环境	0.873
课堂物理环境←信息化课堂环境	0.893
课堂生生关系←课堂人际关系	0.868
课堂师生关系←课堂人际关系	0.903
信息技术应用←教师信息化教学能力	0.903
学习资源建设←教师信息化教学能力	0.860
精神与心理收获←学生课堂学习收获	0.870
知识与技能收获←学生课堂学习收获	0.909

由表 5-27 看到，外因潜在变量"信息化课堂环境"与"课堂人际关系"之间的协方差为 1.343，协方差的标准误估计值为 0.068，临界比值为 19.748，达到 0.05 显著水平。同样地，外因潜在变量"教师信息化教学能力"与"课堂人际关系"之间的协方差为 2.185，协方差的标准误估计值为 0.114，临界比值为 19.209，达到 0.05 显著水平；外因潜在变量"教师信息化教学能力"与"信息化课堂环境"之间的协方差为 1.855，协方差的标准误估计值为 0.103，临界比值为 17.969，也达到 0.05 显著水平。e1 与 e5 之间建立共变关系之后，其 p 值没有显示为"***"，表示其影响不显著，所以对它的影响不需要做过多关注。

表 5-27　协方差（组数 1- 理论模型）

变　量	估计值	S.E.	C.R.	P	变量显示
信息化课堂环境 <--> 课堂人际关系	1.343	0.068	19.748	***	par_5
教师信息化教学能力 <--> 课堂人际关系	2.185	0.114	19.209	***	par_8
教师信息化教学能力 <--> 信息化课堂环境	1.855	0.103	17.969	***	par_9
e1 <-->e5	−0.088	0.035	−2.509	0.012	par_11

表 5-28 显示的外因潜在变量之间的相关系数。外因潜在变量"信息化课堂环境"与"课堂人际关系"之间的相关系数为 0.710，外因潜在变量"教师信息化教学能力"与"课堂人际关系"之间的相关系数为 0.662，外因潜在变量"教师信息化教学能力"与"信息化课堂环境"之间的相关系数为 0.594，均达到 0.001 显著水平，且相关系数值均为正数，这表示三个外因潜在变量之间均是中度正相关关系。所有相关系数均介于 1 与 −1 之间，没有出现不合理的参数。

表 5-28　相关性（组数 1- 理论模型）

变　量	估计值
信息化课堂环境 <--> 课堂人际关系	0.710
教师信息化教学能力 <--> 课堂人际关系	0.662
教师信息化教学能力 <--> 信息化课堂环境	0.594
e1 <-->e5	−0.118

表 5-29 是 3 个外因潜在变量与 9 个误差变量的测量残差变异量估计值，可以看出，3 个外因潜在变量与 9 个误差变量的测量误差值均为正数且达到

0.05 显著水平,变异量标准误估计值介于 0.039 ~ 0.253,表示无模型界定错误的问题。估计参数中没有出现负的误差变异量且标准误估计值均很小,这表示模型的基本适配度良好。

表 5-29 方差(组数 1- 理论模型)

变 量	估计值	S.E.	C.R.	P	变量显示
教师信息化教学能力	5.448	0.253	21.522	***	par_12
信息化课堂环境	1.790	0.085	21.114	***	par_13
课堂人际关系	1.999	0.096	20.916	***	par_14
e9	1.272	0.080	15.977	***	par_15
e2	0.550	0.039	13.943	***	par_16
e1	0.453	0.039	11.755	***	par_17
e4	0.652	0.039	16.820	***	par_18
e3	0.951	0.074	12.926	***	par_19
e5	1.232	0.113	10.940	***	par_20
e7	0.883	0.069	12.727	***	par_21
e8	1.277	0.74	17.359	***	par_22
e6	1.722	0.111	15.480	***	par_23

表 5-30 为测量变量的多元相关的平方,表示个别指标变量被其潜在变量解释的变异量,此解释变异量的数值也就是个别测量变量的信度系数。可以看到,外因潜在变量"信息化课堂环境""课堂人际关系"和"教师信息化教学能力"对内因潜在变量"学生课堂学习收获"的联合解释变异量为0.699。对教师信息化教学能力这一测量模型来说,指标变量"学习资源建

设"被其潜在变量"教师信息化教学能力"解释的变异量为0.740,指标变量"信息技术应用"被其潜在变量"教师信息化教学能力"解释的变异量为0.816;其他变量间关系解释见表5-30。从表5-30中能够发现,所有变量的信度系数都在0.60以上,表示模型的内在质量检验良好。

表 5–30 平方多重相关性（组数 1– 理论模型）

个别指标变量	估计值
学生课堂学习收获	0.699
学习资源建设	0.740
精神与心理收获	0.757
知识与技能收获	0.827
信息技术应用	0.816
课堂师生关系	0.815
课堂升升关系	0.754
课堂物理环境	0.798
课堂技术环境	0.761

综合表5-25至表5-30的数据输出结果,除了指标变量的误差变量e1与e5之间的协方差临界比值不显著,模型内的其他估计参数都达到了显著水平,这也表示模型的内在质量是理想的。同时,模型中估计参数的标准误差均很小,且没有出现误差方差为负的情况,表明假设模型没有违反辨认规则。

5.4 结果解释与讨论

经过上述对于结构方程模型的拟合度检验和参数检验,得到一个拟合度良好、参数显著性良好的模型。现在,可以对模型呈现出的结果进行分析和解释了。在第 4 章中,我们已经给出了潜在变量间的回归公式:

$$\eta = \gamma_1\xi_1 + \gamma_2\xi_2 + \gamma_3\xi_3 + \zeta$$

在这个回归方程式中,η 代表内因潜在变量"学生课堂学习收获",ξ_1 代表外因潜在变量"信息化课堂环境",ξ_2 代表外因潜在变量"课堂人际关系",ξ_3 代表外因潜在变量"教师信息化教学能力",γ_1、γ_2、γ_3 分别为各个外因潜在变量与内因潜在变量间的回归系数,ζ 为残差值。现在,根据图 5-5 运算后的参数估计值模型,我们可以将这个回归方程式表示为:

$$\eta = 0.25\xi_1 + 0.61\xi_2 + 0.32\xi_3 + 1.27$$

在第 4 章中,我们提出了三个研究假设:

假设 1:信息化课堂环境对学生课堂学习收获有显著正向影响。

假设 2:课堂人际关系对学生课堂学习收获有显著正向影响。

假设 3:教师信息化教学能力对学生课堂学习收获有显著正向影响。

从公式中可以看到,"学生课堂学习收获 η"与"信息化课堂环境 ξ_1""课堂人际关系 ξ_2""教师信息化教学能力 ξ_3"之间均呈现出显著正向相关的关系。而且,就这三个影响因素来说,"课堂人际关系 ξ_2"对"学生课堂学习收获 η"的影响是最大的,"教师信息化教学能力 ξ_3"对"学生课堂学习收获 η"的影响次之,"信息化课堂环境 ξ_1"对"学生课堂学习收获 η"的影响最小。再结合前述的参数显著性检验结果,可以得出本研究的假设验证结果见表 5-31。

表 5-31　本研究的假设验证结果

序号	假设内容	检验结果
假设 1	信息化课堂环境对学生课堂学习收获有显著正向影响	支持
假设 2	课堂人际关系对学生课堂学习收获有显著正向影响	支持
假设 3	教师信息化教学能力对学生课堂学习收获有显著正向影响	支持

第6章 模型验证结论与相应的对策

6.1 模型验证结论

本研究在文献调研和理论分析的基础之上,建构了影响大学课堂生态影响因素的理论模型,采用数据统计和结构方程模型分析的方法对研究提出的理论模型和相关假设进行了检验,最终得到了适配度和参数显著性良好的模型,从而证明研究假设是成立的。

6.1.1 信息化对大学生课堂学习收获影响量表的适用性

目前,学界还没有比较权威的相关量表可供直接使用。在量表设计过程中,为了保证量表题项测试结果的可信度和有效性,本研究在参阅多位学者相关研究成果和咨询教育学、生态学领域专家的基础之上,形成了初始量表的初步条目指标;接下来,通过对 6 名教育学、心理学领域的专家进行问卷调查的方式,针对初始量表题目的表面效度、逻辑效度和语言表达是否恰当等方面进行评定;对评定通过的量表题目进行名称和维度界定,形成本研究的试测量表。然后,在湖南农业大学和湖南科技学院两所高校发放试测问卷,继续对试测量表的题项进行筛选;对筛选通过的题项进行重新编号,从而形成本研究所需的正式量表。

本研究采用结构方程模型分析法对调查数据进行了检验,结果显示结构方程模型的拟合度良好,所有量表题项的因子载荷量也表现良好。而且,检验结果表明该量表还具有比较好的信度和效度。可以看出,本研究量表在对于大学生课堂学习收获影响因素的调查方面具有较好的适用性。需要注意的是,本研究编制量表的直接目的是测量"信息化课堂环境""课堂人际关系"和"教师信息化教学能力"与"学生课堂学习收获"之间的相关性。其中,"信息化课堂环境"与信息技术的发展是密切相关的,相关题项主要是针对当前的大学课堂技术环境而设计的。随着课堂技术环境的不断变革,相关题项内容还需要进行及时修订。

6.1.2 信息化对大学生课堂学习收获的影响分析

模型验证结果显示,"信息化课堂环境""课堂人际关系""教师信息化教学能力"与"学生课堂学习收获"之间都是显著正向相关。其中,"课堂人际关系"对"学生课堂学习收获"的影响是最大的,"教师信息化教学能力"对"学生课堂学习收获"的影响次之,"信息化课堂环境"对"学生课堂学习收获"的影响最小。这个验证结果表明,与传统的大学课堂相比,信息化虽然带来了大学课堂生态环境的巨大变化,但课堂中的师生、生生关系才是制约学生课堂学习收获多少的更重要因素。

可以说,这个结论既在理论分析的意料之中,又在理论分析的意料之外。信息化对各个领域的影响都是巨大的,教育信息化也已经成为国家努力推进教育现代化的重要举措,所以"信息化课堂环境"对"学生课堂学习收获"的影响应该是显著正向的,这是意料之中的。但是,在这三个因素之中,"信息化课堂环境"对"学生课堂学习收获"的影响却是最小的,这是意料之外的。但是,结合我国高校的实际情况来看,这个结论也是可以理解的。综观我国大部分高校课堂教学的实际情况,多媒体教室与传统教室的区别主要体现在讲台的变化。传统教室的讲台主要由地台、讲桌、黑板和粉笔等共同组成,主要服务于教师的知识讲授;多媒体教室的讲台主要由地台、内置有计算机设备的多媒体讲桌、投影仪和幕布等,一般情况下还保留有黑板和粉笔等传统教具。对于学生的课桌椅来说,大部分多媒体教室的课桌椅是固定的,只有小部分多媒体教室的课桌椅能够自由活动。也就是说,目前大多数高校的课堂技术环境下,距离理想中的信息化课堂环境还有一定的距离。在现有条件下,信息技术对课堂的支持更多地体现为辅助教师的课堂讲授,学生则主要是通过教师设计与制作的多媒体课件感受到这种技术支持。因此,与其他两个因素相比,"信息化课堂环境"对"学生课堂学习收获"的影响较小是与当前多媒体教室信息化程度不高有所关联的。

6.1.3 大学生课堂学习收获信息化影响因子间的相关性

从图 5-6 可以看到,在标准化参数估计值模型中,外因潜在变量"信息化课堂环境"与"课堂人际关系"之间的相关系数为 0.71,"信息化课堂环境"与"教师信息化教学能力"之间的相关系数为 0.59,"课堂人际关系"与"教师信息化教学能力"之间的相关系数为 0.66,这些相关系数均处于 0.50~0.80 之间,表明这三个外因潜在变量之间呈现出显著的中度正相关。

结合本研究的出发点来看,大学课堂生态的影响因素很多,而本研究重点关注的是与信息化相关的那些因素。再考虑到大学课堂作为人工生态系统,作为生态主体的学生必然会与该系统内的其他生态主体、生态环境之间存在一定的相互作用,而"信息化课堂环境""课堂人际关系"和"教师信息化教学能力"这三个因素既与信息化相关,又是大学课堂生态系统中的重要元素,符合本研究的假设需求。因此,基于这种理论分析,这三个因素之间必定不会是相互孤立的,彼此之间肯定会存在一定的相关性。通过模型验证之后,这些数据资料不仅证实了之前的理论分析,还将彼此之间的这种相关性进行了清晰的程度界定:中度正相关。

6.2 相关的对策与建议

模型验证结果表明,"信息化课堂环境""课堂人际关系"和"教师信息化教学能力"三者对"学生课堂学习收获"的影响都是很显著的。因此,对于大学课堂生态的改进也应该从这三个因素进行着手。

6.2.1 理顺师生生态关系,找准课堂生态位

在标准化参数估计模型中(见图 5-6),外因潜在变量"课堂人际关系"与内因潜在变量"学生课堂学习收获"之间的路径系数为 0.42,外因潜在变量"信息化课堂环境"与内因潜在变量"学生课堂学习收获"之间的路径系数为 0.16,外因潜在变量"教师信息化教学能力"与内因潜在变量"学生

课堂学习收获"之间的路径系数为 0.36。可以看出,在这三个外因潜在变量中,"课堂人际关系"对"学生课堂学习收获"的影响是最大的。所以,我们首先就要从改善课堂中的师生关系、生生关系入手,以减少其对大学课堂生态造成的不良影响。

改善大学课堂中的师生、生生关系,首先要弄清楚师生之间、生生之间在大学课堂生态系统中的生态关系。只有把二者之间的关系理清楚,才能找到解决问题的突破口。在生态系统中,生物与生物之间的关系分为种间关系和种内关系。就大学课堂生态系统来说,师生之间、生生之间都属于种内关系。种内关系分为互斗和互助两种。大学课堂教学活动是一种以促进学生身心发展为根本目标的社会实践活动,教师进行课堂教学的目的也是为了促进学生的个人成长和成才,教师和学生的课堂目标是一致的。因此,就生态关系来说,师生之间、生生之间不是互斗关系,而应该是互助关系。

但是,我国教育界长期奉行的是以赫尔巴特为代表的"教师中心论",即认为课堂应该以教师为中心来开展教学活动,与之相对应的就是"以教师为中心"的课堂教学理念。唐代韩愈曾将教师的角色定位表述为"师者,所以传道授业解惑也","传道"要求教师培养学生的人格品质,"授业"要求教师向学生传授基础知识与基本技能,"解惑"要求教师为学生解决学习过程中的困惑。著名教育家陶行知也说,"学高为师,身正为范"。可以看出,韩愈和陶行知阐述教师职责的同时,也强调了教师职业的伦理性。叶圣陶先生"教师的全部工作就是为人师表"的论断则是淋漓尽致地诠释了教师这一职业是以伦理性为主的普遍认知。需要注意的是,我国在大力推崇教师作为一个伦理性职业的同时,无形中也树立了教师的知识权威地位,强化了教师在课堂教学中的中心地位。课堂管理制度更多时地是针对学生表现而制定的,以便于维护教师在课堂中的权威地位。"以教师中心"的课堂追求的是对教学目标的逐层细化,追求的是对教学过程的精确控制,追求的是对教学结果的准确预设。在这个课堂中,教学过程是技术化的、程序化的和机械化的,师生之间的关系是貌合神离的。"教师中心论"的直接表现就是教师在课堂中拥有绝对的管理权,而学生则处于服从"被管理"的地位。也就是说,教师是管理者,学生是被管理者。那么这种师生关系显然不是"互助",而更接近于"互斗"了。就生生之间的关系来说,由于经历过长期的考试制度筛选,大学生深知现代考试制度的残酷性,更多地将同学之间界定为竞争关系。这种课堂中的师生、生生关系显然是不和谐的,已经背离了理想中的"互助"关系。

现在,摆在我们面前的问题就是如何转变课堂中的师生、生生关系,使之能够改变当前的"互斗"状态,而回归其"互助"的应然状态。要解决这个问题,就不得不涉及另一个概念——生态位。生态位是指生物完成其正常生活周期所表现的对特定生态因子的综合适应位置。在长期的生态适应和生物进化过程中,生物与环境之间形成了利用改造与供养支持的一一对应关系。生物在环境中所占据的特定位置,就是该生物的生态位。在大学课堂生态系统中,教师与学生本来也拥有各自专属的课堂生态位。教师和学生是这个系统中的关键物种,也是重要的生态因子,若要保持大学课堂生态系统的平衡与稳定,需要这两者在自己的生态位上发挥应有的功能和作用,相互帮助,并最终实现协同进化的目的。学生通过课堂学习自主建构自身的知识体系,教师主要通过价值引导促进学生的身心成长,并在这个过程中实现自己的职业成长和人生价值。也就是说,大学课堂的教学过程其实是隐含了两个不同课堂主体的实践活动。课堂的特殊性就在于教师的教学活动和学生的学习活动是同时进行的。教师和学生都是大学课堂生态系统中的生态主体,但教师是教学活动的主体,学生是学习活动的主体。正是由于教学活动和学习活动的同时发生性,使得同为生态主体的教师与学生之间发生不断的直接接触,这种直接接触其实就是彼此之间的生态位重叠与争夺。在生态位争夺的过程中,教师的知识权威性使得教学活动成为整个课堂活动的外在表现,学生的学习活动则处于隐藏状态。从这个角度上来说,"以教师为中心"的教学理念实际上就是通过侵占学生课堂生态位的方式来维护教师的课堂生态位。因此,改善大学课堂师生、生生关系的关键在于厘清他们之间的生态关系,而厘清关系的重点在于帮助他们找到适合自己的课堂生态位。

由于教师教学活动和学生学习活动的过程同一性,所以必须要采取措施应对教师与学生之间的课堂生态位重叠问题。关于生态位重叠问题,常见的应对策略主要有生态位错位、生态位分离、生态位优化和生态位协同进化等策略。结合大学课堂生态系统的实际情况来看,生态位分离策略和生态位优化策略难以施行,而生态位错位策略和生态位协同进化策略则能够为我们提供一个崭新的思考切入点。

　　长期以来,教育界十分热衷于建立一种适用于任意课程的课堂教学模式。但现实情况是,任何一种教学模式都有其优点和缺点,每种教学模式都有其适用的范围。关于这个适用范围,往往指的是学科范围。而无论是哪一个学科,其学科知识体系都是具有相似性的。在长期的学科发展和演化过程中,每一个学科都形成了专属的知识体系,在课程体系上大致可分为理论体系、实践体系、研究体系等。理论体系主要体现为学科概念术语、发展历程、理论基础等方面的课程内容,实践体系主要体现为需要动脑设计、动手操作等的课程内容,研究体系则主要包括与研究设计、研究方法等内容相关的课程。

1. 生态位错位策略

　　一般来说,理论体系方面的课程是实践体系、研究体系方面课程的基础。学生对于实践领域和研究领域的探索是建立在对学科理论正确认识的基础之上的。对于理论体系方面的课程,由于涉及大量的学科专业术语,学生在刚刚步入这个崭新领域的时候,往往不知道该从何下手。在这个时候,教师的讲解、引导与示范作用就是不可或缺的,而且特别重要。这时学生最需要的也是通过教师的讲解示范,在较短的时间里获得相关的学科基础知识,在头脑中形成最初的认知框架,对这个领域有一个初步的认识,然后进行早期的知识建构。也就是说,针对理论体系方面的课程,可以采取生态位错位策略。具体实施措施就是,课堂活动以教师的讲解、引导与示范活动为主,而以学生的讨论活动为辅。这时为了重点保障教师的首席生态主体地位,可以让学生暂时让出部分生态位,以便于充分保证教师在课堂中的生态位。

　　对于实践体系方面的课程,同样也可以采取生态位错位的应对策略。实践体系方面的课程重在培养学生将理论知识应用于社会实践中的迁移能力,可以说,实践课程是使理论知识与社会实践相结合的一种教学形式。与理论体系方面课程不同的是,学生此时已经具备一定的理论知识基础,实践体系方面的课程往往更适合以学生亲身体验的方式来施行,即主要以学生亲自动脑分析和动手操作的方式来完成课堂活动目标。即是说,在实践体系方面的课程中,学生的亲身参与和切身体验比教师提供抽象的间接经验更有利于课程目标的达成。所以,针对实践体系方面的课程,首先要保障的不再是教师的课堂生态位,而是学生的课堂生态位。为了保证学生的在课堂中占据有足够的生态空间,此时就需要教师暂时让出自己的部分生态位,以确保学生在课堂中的首席生态主体地位。但是,这并不是说教师是可有可无的。教师的作用依然很重要。只是,教师不再是课堂的主宰,不是知识的讲授者。此时,教师的作用主要体现在借助信息技术工具,为学生创设多样化的课堂情境和提供个性化的学习资源,以促进学生的自主学习活动。

2. 生态位协同进化策略

在一个生态系统中,生物个体的进化过程是在其环境的选择压力下进行的,这里的环境不仅包括非生物因素也包括其他生物。这种相互适应、相互作用的共同进化的关系,就是生物的协同进化。针对研究体系方面的课程来讲,其追求的目标是培养学生发现问题、提出问题和解决问题的能力。研究体系方面的课程开展主要是依托各种科研课题或设计项目,引导学生综合运用已经掌握的学科理论知识、社会实践体验和科学研究方法,在不断的尝试与验证中进行科学探索的过程。对于科学研究来说,科学探索的过程不能仅靠个人的力量,科研活动常常是以小组合作的形式进行的。所以,可以考虑以小组合作的形式来组织研究体系方面的课程实施活动。对于大学本科生来说,还普遍缺乏科学研究的经历和经验,科学素养相对比较欠缺,还需要教师进行必要的组织和协调。由于这类课程的课堂目标是生成性的,而不是教师预设的,所以教师并没有拥有比学生更多的先知能力。因此,在共同的探索目标面前,教师和学生拥有相对平等的地位,教师完全可以参与到学生的科研小组之中,与学生一起进行科学探索。在这个师生共同学习和摸索的过程中,两者之间已经不需要再争夺对方的课堂生态位,因为课堂生态位的主次已经不再重要了。此时,教师与学生之间的主要生态关系是"互助"。而且,教师与学生在持续不断的"互助"中,教师不断提升自己的专业素养,学生也持续完善自身的知识体系,两者也在这个不断相互适应、相互作用的过程中逐渐实现了两者的共同进化。

小组合作的过程也是一个改善生生关系的良好契机。在课堂之外,学生与学生之间的关系常常是比较融洽的,只是由于传统课堂的多种制度约束,生生关系在课堂中一直处于被压制和禁止的状态。现在,教师需要做的只是释放这种被长期压抑的同伴关系。但需要注意的是,这种融洽的同伴关系一旦被引入到课堂领域,还是需要帮助学生建立理性的合作与竞争观念。

6.2.2 保障学生主体生态位，防范"边缘效应"的负效应

在生物群落交错区域中，由于交错区生境条件的特殊性、异质性和不稳定性，往往会增大该区域的物种多样性和种群密度，而且增大某些生物物种的活动强度和生产力，这就是边缘效应。教育生态系统的边缘效应有两种理解：第一种是"正效应"，是按照生态学上边缘效应的含义来分析的，指在教育教学过程中，通过打破不同部门、人员、学科、课程之间的人为屏障，使其通力合作，各自发挥所长，从而创造出更有效的教育效果。另一种是"负效应"，是指在教育领域中现实存在的、薄弱的和荒疏的交错区域，由于其长期处于各种环境因子的胁迫之下，导致其生存状况越来越差，并形成恶性循环。信息化课堂中必须要避免这种"负效应"，面向全体学生，促进每位学生的全面发展，充分发掘不同个性学生的特长和能力，因材施教、因地制宜，充分调动"边缘学生"的学习积极性，使每一个学生都能在课堂中找到自身的闪光点，拥有适宜的课堂生态位。

在以往的实体课堂中，教师往往会更多地关注所谓的"好学生"，这种"好学生"由于经常得到教师的肯定和鼓励，也会更积极主动地与教师进行学习交流。反观那些在课堂中容易被忽略的所谓"中等生"和"差生"，由于长期得不到教师关注而失去存在感，逐渐沦为课堂中可有可无的"边缘学生"。而这些"边缘学生"常常是有着较大进步空间的学生。进入信息化时代，信息技术为教师和学生提供了更为多样便捷的沟通交流工具，智能手机的快速普及更是使师生交流处于全天候在线的状态，以学生为主体的在线沟通日益频繁。可以说，信息技术在传统的实体课堂之外，又为大学课堂的师生搭建了一个基于网络空间的虚拟课堂。因此，信息化时代的大学课堂应该是既包括现实中的实体课堂，也包括网络空间中的虚拟课堂。与现实中的实体课堂相比，虚拟课堂中的师生关系更为平等，人人都拥有平等的发言权。作为方便师生交流、生生交流的新途径，信息化课堂不仅要关注教师和"好学生"之间的沟通渠道，更要利用便捷的信息化渠道加强与"边缘学生"的沟通。

信息技术一直致力于为大学课堂打造一个崭新的平台，使教师、学生能够摆脱实体课堂中的心理畏惧感，从而形成师生之间、生生之间更加平等民主的课堂氛围。由于教师不仅仅是一种学术性的职业，教师与学生之间还有

着无可推卸的伦理责任,所以,防范课堂"边缘效应"的任务还是要由教师来承担。在实体课堂的教学活动中,教师往往呈现出一种相对严肃的状态,学生对教师的认识主要停留在专业知识水平方面,对教师在其他方面的能力知之甚少。民主型的教师往往带来轻松的课堂氛围,而专制型的教师往往会使学生感到沉闷和压抑。与之不同的是,基于网络的虚拟课堂主要是作为师生、生生之间的沟通目的而存在的,如果教师能够脱下实体课堂中严肃、拘谨的外衣,向学生展示一个不一样的自己,做真能量的示范,并以真诚的态度来增加自己的个人魅力值,也在无形中逐渐拉近与学生之间的心理距离,从而赢得越来越多学生的信任。同样地,教师也可以有意无意地为"边缘学生"创造在虚拟课堂中的发言机会,鼓励他们展示自己擅长的领域,使"边缘学生"能够在其他同学的赞美中获得自我肯定与自我认同,以有利于增强其自信心,并逐渐转变其在实体课堂中的边缘地位。

在抑制"负效应"的同时,还需要进一步开拓创新,促进"正效应"的发生。课堂教学是教师教学活动和学生学习活动的有机融合,在教师"教"的行为与学生"学"的行为之间,也存在着"教—学"的边缘交错区域。在自然界中,边缘效应是一些生物生长的动力。在大学课堂中,教师可以从教学中获得自身的专业发展和职业成长,学生可以从学习中获得知识能量和智力发展。这就是大学课堂中的"正效应",即我们平时所说的"教学相长"。归根结底,大学课堂中的师生关系是一种互助关系,良好的课堂生态有利于师生双方的共同成长。所以,在尽力抑制边缘效应"负效应"的同时,也要尽可能地促进"正效应"的发生。

6.2.3 提升教师信息化教学能力,规避"花盆效应"

模型验证结果表明,"教师信息化教学能力"对"学生课堂学习收获"的影响是显著正向的。所以,改善大学课堂生态现状,必须要设法提升教师的信息化教学能力。面对教师主体与信息化课堂环境之间存在的问题,还需要用心规避信息化课堂可能带来的"花盆效应",而提升教师信息化教学能力也有利于减少信息化课堂中的"花盆效应",从而维护大学课堂系统的生态平衡。

花盆效应又称为"局部生境效应",原意是指在人工创造的适宜环境条件下,作物和花卉在一段时间内可以长得很好,但其对生态因子的适应阈值在下降,生态幅变窄。一旦离开这个舒适的人工环境,作物和花卉就经不起外面的温度和湿度变化,更经不起风吹雨打,以至于很难在其他环境中存活。大学课堂是一个相对封闭的环境空间,课堂教学可以说就是在"花盆"环境下进行的,"花盆效应"会对高校人才培养质量产生显著的影响。可以说,"花盆效应"导致整个课堂教学过程封闭、狭隘和僵化,削弱学生作为课堂生态主体的创新能力、质疑能力、实践能力和生存能力,并最终使学生在离开校园之后难以适应沸腾的现实社会。近几年,教育部正式将"研学旅行"纳入中小学教育教学计划,将课堂延伸到学校之外。可以说,这种做法就是为了规避长期以来封闭式课堂教学所导致的花盆效应,使学生理解"读万卷书,行万里路"的真正含义。信息技术虽然能够将有限的课堂空间扩展到无限,但虚拟的课堂感受依然不能完全替代真实的社会体验。信息化课堂只是一个更高级的"花盆"环境,信息化课堂中成长起来的学生仍然难以适应真实的社会环境。即使是在信息化时代,信息化课堂也不能完全取代学生亲身参与体验的社会实践活动。但是,与传统课堂相比,信息化课堂能够将抽象的课堂知识形象化、生动化、真实化,为大学课堂中的师生带来身临其境的视听感受,并在一定程度上改善传统课堂讲授的枯燥和乏味。从这个角度来讲,提升教师的信息化教学能力仍然具有非常重要的现实意义。

在信息化课堂中,教师需要具有良好的信息素养,具有应用信息技术创新课堂教学模式的意识、方法和技能。也就是说,教师需要具备利用信息技术解决课堂教学问题的能力,从而促进信息技术与学科教学的深度融合,这种能力就是信息化教学能力。信息化教学能力不仅仅包括其信息技术应用能力,还包括教师在面对信息化课堂中的真实教学问题时,运用信息技术有效帮助学生解决学习困难的能力,是一种应用信息技术进行设计、实施和评价的综合能力。教师信息化教学能力包括多个方面,其中最重要的当属信息化教学设计能力和信息化教学评价能力。信息化教学设计以建构主义理论为基础,重视学习资源的利用,关注学生学习过程的设计,以合作性学习、探究式学习为主要的教学组织方式,有利于突出学生的学习主体地位。与传统的教学评价相比,信息化教学评价重视学生在教学评价活动中的主体地位,强调评价手段和方法的多元化,侧重于评价学生的表现和过程,使教学评价更加科学与公正。因此,在信息化社会中,信息化教学能力是教师专业发展的一项重要能力,不断提升教师的信息化教学能力,有利于规避大学课堂的"花盆效应",从而更好地促进学生的全面发展。

6.2.4 遵循"耐度与最适度"原则,创设多样化的课堂环境

在模型验证结果中,与其他两个因素相比,虽然"信息化课堂环境"对"学生课堂学习收获"的影响是最小的,但是其影响程度也达到了 0.001 的显著水平。所以,"信息化课堂环境"对大学课堂生态的影响依然是不容忽视的。面对课堂物理环境与大学课堂承载力之间的生态问题,应当遵循"耐度与最适度"原则,创设多样化的课堂物理环境,促进二者之间的和谐共生。

一方面,遵循"耐度与最适度"原则。谢尔福德耐性定律(Shelford's Law of Tolerance)指出,生物对其生存环境的适应有一个最小量和最大量的界限,生物只有处于这两个限度范围之间才能生存。也就是说,任何一个因子数量上的不足或过量,都会影响到生物的生长发育和生存。如第 3 章内容所述,我国的大学课堂学生人数长期处于超载状态,即使教师有较好的教学活动理念,也往往由于学生太多而难以具体开展。从生态学的角度来看,这就是因为学生数量已经超过了最适宜的"度",直接影响了教师与学生之间的沟通质量,使师生在课堂中的共同学习、共同探讨流于形式,那么课堂的生成也就无从谈起。在教学内容方面,苏联教育学家凯洛夫(N.A.Kaiipob)提出的量力性和可接受性原则,强调的就是学生所能承受的"最低"度,而赞可夫(Zankov)提出的高难度、高速度进行教学的原则,则是学生能够承受的"最高"度。遵循"耐度与最适度"原则,不仅意味着生师比缩小,同时意味着多样性、多元化教学方式的整合。

另一方面,创设多样化的课堂物理环境。物种多样性是指生态系统内各个营养层次物种的丰富性,物种越丰富,越有利于维持生态系统的平衡和稳定。大学课堂生态系统也是如此。大学课堂教学活动的顺利开展离不开一定的物质基础,高等教育信息化首先要落实到信息技术与教室的融合,并以多样化的教室环境来推进信息技术与课堂教学的深度融合。在信息化课堂中,必须要有多样化的课堂物理环境作为物质前提,才能保障学生的主体地位和教师主导作用的发挥。物质环境是物理环境的重要组成部分之一。教室内的

教学设施作为一种物质环境，必须能够为相关课程的实施提供有力的支撑。信息化环境下的教室应该能够更便捷地获取学习资源、促进课堂交流活动的开展，并能够根据不同的课程需要改变教室空间布局和师生座位编排方式。目前国内已有高校进行了这一领域的积极探索，如华中师范大学创建的"未来教室"，教室设计秉承科技化、信息化、人性化的理念，以满足"教学、讨论、研究"三位一体作为功能目标，教室内部可以根据需要分成多个不同的空间布局，移动的桌椅可以根据需要摆放成任意形状，以满足不同课程的课堂教学需求；同时，教室可以为师生提供手写交互、图像交互、视频交互等多种交流方式，还可以邀请课堂外专家通过网络接入课堂，与课堂内的师生进行即时的视频沟通。

总之，面对大学课堂中的种种生态问题，重构和谐师生关系依然是改善大学课堂生态的重中之重。从根本上来说，大学课堂生态系统要想达成新的平衡状态，还是要从本质上尊重教育的生态节律，构建绿色健康的课堂教学系统。一方面，尊重教育的生态节律。叶圣陶先生曾说过："教育是农业而不是工业。"从生态学的角度来进行解读，这句话至少涵盖了两层道理：第一，教育的过程就像种庄稼一样，需要尊重不同农作物的成长规律，按照其生物节律按时耕地、播种、浇水、追肥、拔草和除虫，这中间的每一个步骤都需要结合作物的生长情况来进行适时修整，至于农业种植最关心的果实，则必须要耐心地等到收获的季节。这和工业化的快速生产过程是完全不同的。第二，工业流水线批量生产出来的产品是整齐划一的无生命体，而农业种植出的是有着自身生活习性的鲜活生命体；教育就像是进行农业栽培，每个学生都是拥有独特个性的生命体，教育的过程不是磨灭学生的个性，而是要给予每个学生适宜的养分，帮助其获得最适合自身的发展。进入信息化时代，课堂教学仍然是学校教育的重要环节，也需要尊重教育的生态节律。与传统课堂相比，信息化课堂更加开放和民主，更加关注师生在课堂中的学习体验。这时教师依然要遵循传统农业种植的基本原则，要照顾到学生之间的差异，既不能拔苗助长，也不能阻止其生长。同时，对待不同的学生，教师要淡化所谓"好学生""差学生"的固有观念，关注到不同学生的个性差异，营造自然和谐的课堂氛围，保持教师与学生之间、学生与教学内容之间的和谐关系。作为课堂生态主体，只有教师和学生通力协作，真正实现其"互助"的生态关系，才能达成师生双方的协同进化,并形成课堂学习共同体,共同维护大学课堂生态系统的平衡与稳定。另一方面,重构和谐师生关系。除了学生数量和教学内容,课堂中的师生关系也需要遵循"耐度与最适度"原则。师生之间只有把握好相处的最适度距离,才能长期保持彼此间的和谐相处。在信息化时代的大学课堂中,信息化时代的教师不再是课堂的中心和知识的权威,而是学生自主探究活动的组织者、引导者、促进者、支持者、参与者和帮助者。需要注意的是,作为促进者、支持者、参与者和帮助者,教师和学生之间是平等的;但作为组织者和引导者,教师又必须是师生平等对话关系中的"首席"。因此,在把课堂的主动权还给学生、引导学生主动探究、乐于学习的时候,教师需要把握好与学生之间相处的"度",在平等参与学生活动的前提下,积极发挥组织和引导的作用。

第7章 研究结论与不足

7.1 研究的结论

2012年3月,教育部颁布《教育信息化十年发展规划(2011—2020年)》,提出积极推进教育信息化能力体系建设,推动信息技术与教育双向融合创新;同时,更加重视教育信息化的引领作用,强调利用教育信息化破解制约我国教育发展的难题。2016年6月,教育部专门制定《教育信息化"十三五"规划》,提出具体的工作任务,以适应信息时代对培养高素质人才的需求。目前,我国关于课堂生态的研究中,侧重于教育生态系统发展的宏观研究比较多,而深入学校教育系统内容的微观研究比较少;借助生态学理论进行理论推演的研究比较多,而深入学校教育实际探讨课堂教学实践问题的研究比较少。对此,本研究立足信息化的时代背景,将大学课堂视作一个微观生态系统,通过教育学与生态学的交叉学科视角,分析信息化带来的大学课堂变革,关注如何在微观层面上促进信息技术与教育教学的深度融合,以改善大学课堂教学效果和教学质量,进而提升的学生课堂学习获得感。

通过研究,本书得出的主要结论如下:

1. 从生态学理论出发,对大学课堂生态系统的组成进行了系统剖析。认为大学课堂生态系统是由生物组分和无机环境组分所组成的人工生态系统,其中的生物组分主要是指教师、学生和教学支持人员等,而无机环境组分是指大学课堂的技术环境、物理环境和社会环境。进一步分析了大学课堂生态系统的形态结构和营养结构,课堂生态系统的形态结构是指在一定时空内存在的师生数量、师生关系、课堂环境等生物学信息,营养结构是指师生、生生之间借助一定的媒介建立起来的信息供求关系。

2. 详细分析了信息化带给大学课堂生态结构的颠覆性变化。就大学课堂形态结构来说,信息技术创新了课堂中教师和学生之间的交往渠道,师生、生生之间除了以往的面对面沟通方式,还可以通过网络实现课堂外的不间断交互,大大拓展了传统课堂的边界;在课堂社会交往活动中,教师不再处于中心地位,学生开始在课堂中拥有更多的话语权和主动权;教师在传统课堂中的霸权地位已经动摇,教师角色开始向引导者、服务者、支持者的身份转变。就大学课堂营养结构的变化来说,信息化课堂中的教师不仅仅是生产者,也开始扮演了分解者的角色。学生不再是纯粹的消费者,而是积极参与课堂生态系统运转的每一个环节,既是生产者,又是消费者,而且也是分解者。

3. 针对信息化课堂环境、课堂人际关系、教师信息化教学能力这三个生态因子对学生课堂学习收获所产生的影响,结构方程模型验证结果表明,"学生课堂学习收获"与"信息化课堂环境""课堂人际关系""教师信息化教学能力"之间均呈现出显著正向相关的关系。而且,就这三个影响因素来说,"课堂人际关系"对"学生课堂学习收获"的影响是最大的,"教师信息化教学能力"对"学生课堂学习收获"的影响次之,"信息化课堂环境"对"学生课堂学习收获"的影响最小。

4. 依据结构方程模型的验证结果,建议着力针对"信息化课堂环境""课堂人际关系"和"教师信息化教学能力"三个生态因子提出提升大学生课堂学习获得感的四条对策:理顺师生生态关系,找准课堂生态位;保障学生主体生态位,防范"边缘效应"的负效应;提升教师信息化教学能力,规避"花盆效应";遵循"耐度与最适度"原则,创设多样化的课堂环境。

7.2 研究的不足

本书的研究结论是建立在大量数据调查的基础之上的,但是由于全国各个区域高校发展水平的不平衡性,各个高校在办学条件、师资水平、生源质量等多个方面均具有较大的不均衡性,课堂教学情况也具有较大的差异性。总的来说,本研究的不足之处主要体现在下列两个方面:

1. 理论分析方面的不足。研究者基于教育学和生态学的交叉学科背景，对大学课堂生态系统的组成、结构等要素进行了分析，针对教育信息化给大学课堂带来的影响和变革进行了归纳，但是由于研究者相对缺乏生物学学科背景的局限性，对于生态系统、生态平衡、生态规律等知识的理解还不够透彻，在进行理论规整的时候常常感到无从下手，这使得本研究具有一定的局限性。

2. 调查对象方面的不足。尽管本书中大学课堂生态的影响因素分析是建立在大量数据调查的基础之上的，但囿于调查条件的限制，问卷调查数据来自研究者曾经学习或工作过的地方，并且在多位同学、好友的帮助之下才得以完成整个调查问卷的发放过程。由于本研究数据主要来源于湖南、河南地区的多所高校，其他区域高校的数据所占比例比较小，因此，数据分析结果的适用性还需要在其他区域的高校中进一步验证。

参考文献

著作类

[1] 范国睿.教育生态学 [M].北京:人民教育出版社,2000.

[2] 金耀基.大学之理念 [M].上海:三联书店,2001.

[3] 李森,王牧华,张家军.课堂生态论:和谐与创造 [M].北京:人民教育出版社,2011.

[4] 刘长江.信息化语境下大学英语课堂生态研究 [M].广州:世界图书出版广东有限公司,2014.

[5] 刘贵华,王小飞等.区域综合改革:中国教育改革的转型与突破 [M].北京:教育科学出版社,2015.

[6] 黄荣怀,沙景荣,彭绍东.教育技术学导论 [M].北京:高等教育出版社,2006.

[7] 盛群力,褚献华.现代教学设计应用模式 [M].杭州:浙江教育出版社,2002.

[8] 高志强,郭丽君.学校生态学引论 [M].北京:经济管理出版社,2015.

[9] 曹凑贵.生态学概论 [M].北京:高等教育出版社,2006:25.

[10] 邹冬生,高志强.生态学概论 [M].长沙:湖南科学技术出版社,2007.

[11] 李芒,金林,郭俊杰.教育技术学导论 [M].北京:北京大学出版社,2013.

[12] 吴鼎福,诸文蔚. 教育生态学 [M]. 南京:江苏教育出版社,1990.

[13] 贺祖斌. 高等教育生态论 [M]. 桂林:广西师范大学出版社,2005.

[14] 孙芙蓉. 课堂生态研究 [M]. 杭州:浙江大学出版社,2013.

[15] 王景贤. 大学生体育学习满意度结构方程模型研究 [M]. 北京:北京体育大学出版社,2014.

[16] 冯如希. 课堂生态教学论 [M]. 上海:上海社会科学院出版社,2008.

[17] 叶澜. 教育概论 [M]. 北京:人民教育出版社,2006.

[18] 范国睿,等. 共生与和谐:生态学视野下的学校发展 [M]. 北京:教育科学出版社,2011.

[19] 傅桦,吴雁华,曲利娟. 生态学原理与应用 [M]. 北京:中国环境科学出版社,2008.

[20] 郭树东. 研究型大学学科生态系统发展模型及仿真研究 [M]. 北京:北京交通大学出版社,2011.

[21] 任凯,白燕. 教育生态学 [M]. 沈阳:辽宁教育出版社,1992.

[22] [英] 阿什比著,滕大春,滕大生译. 科技发展时代的大学教育 [M]. 北京:人民教育出版社,1983.

[23] 吴明隆. 结构方程模型——AMOS 的操作与应用 [M]. 重庆:重庆大学出版社,2010.

[24] 荣泰生. AMOS 与研究方法 [M]. 重庆:重庆大学出版社,2009.

[25] 吴明隆. SPSS 统计应用实务 [M]. 北京:中国铁道出版社,2000.

[26] 侯杰泰,等. 结构方程模型及其应用 [M]. 北京:科学教育出版社,2004.

[27] 蔡晓明,蔡博峰. 生态系统的理论和实践 [M]. 北京:化学工业出版社,2012.

[28] [英] 大卫·福特著. 肖显静,林祥磊译. 生态学研究的科学方法 [M]. 北京:中国环境科学出版社,2012.

[29] 戈峰. 现代生态学（第二版）[M]. 北京:科学出版社,2008.

[30] 李博. 生态学 [M]. 北京:高等教育出版社,2000.

[31] 李洪远. 生态学基础 [M]. 北京:化学工业出版社,2006.

[32] 曾祥跃. 网络远程教育生态学 [M]. 广州:中山大学出版社，2011.

[33] 袁方. 社会研究方法教程 [M]. 北京:北京大学出版社，1997.

[34] 方炳林. 生态环境与教育 [M]. 台北:台湾维新书局，1975.

[35] 吴林富. 教育生态管理 [M]. 天津:天津教育出版社，2006.

期刊论文类

[1] 焦建利,贾义敏,任改梅. 教育信息化的宏观政策与战略研究 [J]. 远程教育杂志，2014(1):25-32.

[2] 南国农. 教育信息化建设的几个理论和实际问题（上）[J]. 电化教育研究，2002(11):3-6.

[3] 祝智庭. "教育信息化带动教育现代化"的文化诠释 [J]. 中小学信息技术教育，2007(5):20-22.

[4] 李克东. 教育信息化与基础教育改革 [J]. 广西教育，2004(17):20-22.

[5] 何克抗. 我国教育信息化理论研究新进展 [J]. 中国电化教育，2011(1):1-19.

[6] 刘德亮. 黎加厚博士谈教育信息化 [J]. 中国电化教育，2002(1):5-8.

[7] 秦如祥. 教育信息化的概念、特征和目的 [J]. 理论探索，2004(3):63-64.

[8] 王华良. 新课程标准下语文课堂"绿色生态环境"的构建 [J]. 教育实践与研究，2003(12):27-28.

[9] 沈双一,陈春梅. "课堂教学生态系统"新概念刍议 [J]. 历史教学问题，2004(5):92-95.

[10] 汪霞. 我们的课堂生态了吗 [J]. 全球教育展望，2005(5):17-22.

[11] 李森. 论课堂生态的本质、特征和功能 [J]. 教育研究，2005(10):55-60.

[12] 孙芙蓉. 试论课堂生态研究的几个基本问题 [J]. 教育研究，2011(12):59-63.

[13] 徐建华. 西方高校课堂生态研究的取向及其启示 [J]. 教育探索，

2014(8):153-154.

[14] 汪霞. 一种后现代课堂观：关注课堂生态[J]. 全球教育展望，2001(10)：51-54.

[15] 刘凤杰. 课堂生态对大学英语教学效果的影响研究[J]. 教育探索，2006(10)：79-80.

[16] 刘兴然. 论课堂生态与课堂动力[J]. 教育理论与实践，2014，34(7):56-59.

[17] 黎琼锋,李辉. 浅论平衡的课堂生态[J]. 教育论坛,2006(2):7-9.

[18] 刘贵华,岳伟. 论教师的课堂生态意识及其提升[J]. 教育理论与实践，2015，35(16):30-34.

[19] 袁聿军. 生态位理论在课堂教学中的应用探析[J]. 淄博师专学报，2007(1):42-45.

[20] 杨正强,李森. 论中小学课堂生态平衡及优化策略[J]. 中小学教师培训，2008(4):46-48.

[21] 吕朝. 现代大学课堂生态研究[J]. 攀枝花学院学报，2009，26(5):108-111.

[22] 张硕. 传播生态视域中大学课堂的潜课程研究[J]. 江苏师范大学学报（教育科学版），2014，5(1):48-52.

[23] 邓春生,熊文婷. 基于教育生态理论的高校教师课堂教学评价体系的研究[J]. 科学与管理，2013(5):81-84.

[24] 邓春生,朱根华,肖笑飞. 基于教育生态理论的高校教师课堂教学评价模型的研究[J]. 社科纵横，2013，28(11):154-155.

[25] 胡菁慧. 对高校"生态化课堂"建设的思考[J]. 江西青年职业学院学报，2010，20(4):54-56.

[26] 徐建华. 基于共建式大学课堂生态建设的思考[J]. 中国大学教学，2015(3):62-66.

[27] 陆韵. 生态视域下大学生班级学习共同体的构建[J]. 煤炭高等教育，2013，31(6):101-103.

[28] 吴艳. 大学课堂教学的生态困境及其超越[J]. 黑龙江高教研究，2013(2):22-23.

[29] 马晶文. 影响生态化大学英语课堂环境构建的主要因素 [J]. 兰州交通大学学报，2010，29(2)：156-159.

[30] 郭云仙. 基于生态学习共同体的大学英语课堂文化建构研究 [J]. 长春理工大学学报（社会科学版），2013，26(12)：195-197.

[31] 卢景昆. 高校思想政治理论课生态课堂的形成 [J]. 教育评论，2013(2)：75-77.

[32] 邹明玮. 高校干部教育培训之课堂生态图景研究 [J]. 扬州大学学报（高教研究版），2015，19(6)：42-45.

[33] 王竹立. 我国教育信息化的困局与出路——兼论网络教育模式的创新 [J]. 远程教育杂志，2014(2)：3-12.

[34] 肖玺. 课堂心理环境建设刍议 [J]. 教学与管理，2005(10)：43-45.

[35] J.Michael Spector，任友群. 教育技术的历史 [J]. 电化教育研究，2016(2)：114-122.

[36] 刘鹏. 浅析课堂物理环境对于学生创造力培养的作用 [J]. 黑龙江科技信息，2012(35)：174-175.

[37] 徐敏娟. 从教室座位安排透视教育过程均等 [J]. 现代教育论丛，2007(6)：42-46.

[38] 唐烨伟，庞敬文，钟绍春，王伟. 信息技术环境下智慧课堂构建方法及案例研究 [J]. 中国电化教育，2014(11)：23-29.

[39] 王卫军. 信息化教学能力：挑战信息化社会的教师 [J]. 现代远距离教育，2012(2)：45-53.

[40] 吴慧华. 信息化教学评价原则 [J]. 九江师专学报（哲学社会科学版），2004(1)：93-94.

[41] 林崇德，申继亮，辛涛. 教师素质的构成及其培养途径 [J]. 中国教育学刊，1996(6)：16-22.

[42] 李天龙. 大学青年教师信息化教学能力发展途径探析 [J]. 电化教育研究，2011(12)：106-109.

[43] 李宇峰，李兆君. 概念图在信息化教学评价中的应用研究 [J]. 中国教育信息化，2009(20)：45-47.

[44] 贝塔朗菲.普通系统论的历史和现状[J].国外社会科学,1978(2):66-74.

[45] 秦小云,贺祖斌.论高等教育系统的生态平衡[J].教育理论与实践,2004,24(11):17-19.

[46] 杨真珍,王丽娟.新型师生关系的涵义及其构建途径[J].成都教育学院学报,2006(7):25-26.

[47] 胡弼成,李姝辄.交往行为理论观照下的高校师生关系异化及其回归[J].教育与现代化,2010(2):11-15.

[48] 刘开文,罗咏梅.生态课堂的内涵、操作模式和实施策略[J].教学与管理,2012(3):14-16.

[49] 徐陶,彭文波.课堂生态观[J].教育理论与实践,2002,22(10):37-40.

[50] 余文森.试析传统课堂教学的特征及弊端[J].教育研究,2001(5):50-52.

[51] 田健,阳嵘莎,杨改学.基于信息化课堂的教学交互研究[J].当代教育科学,2009(13):24-27.

[52] 李方安,张良才.班级规模:一个不容忽视的学习资源[J].教育科学,2001,17(3):47-49.

[53] 沈国荣.基于现代信息技术的大学英语教师生态位研究[J].河南工业大学学报(社会科学版),2015,11(3):151-154.

[54] 许哲,董阁.从教育生态学视角看信息技术环境下教师的生态位[J].江苏广播电视大学学报,2010(3):61-64.

[55] 鲍静.大学英语交互式课堂教学的调查分析及启示[J].科教文汇,2008(7):97-98.

[56] 高岩,安菊梅,王心悦.论信息技术在大学课堂教学中运用的困境与突破[J].宁夏师范学院学报(社会科学),2016,37(4):147-150.

[57] 焦建利,贾义敏,任改梅.教育信息化的宏观政策与战略研究[J].远程教育杂志,2014(1):25-32.

[58] 董云川,等.大学课堂:无奈与梦想[J].高教发展与评估,2008,24(5):69-79.

[59] 张桂霞. 高校扩招后的高等教育质量问题及应对 [J]. 化工高等教育，2004(4)：114-117.

[60] 张倩苇. 教育信息化政策创新及其现代意义 [J]. 教育导刊，2016(3)：15-18.

[61] 张倩苇. 国家教育信息化政策的发展及对策研究 [J]. 中国电化教育，2005(11)：31-35.

[62] 何旭明. 课堂教学中的人际关系 [J]. 高等教育研究学报，2001，24(1)：33-35.

[63] 任志远. 课堂教学中的人际关系 [J]. 江西教育科研，1989(6)：5-7.

[64] 徐志辉. 关于高等教育大众化与教育质量下滑的忧思 [J]. 集美大学学报，2003，4(4)：13-18.

学位论文类

[1] 窦福良. 课堂生态及其管理策略研究 [D]. 济南：山东师范大学，2003.

[2] 王卫军. 教师信息化教学能力发展研究 [D]. 兰州：西北师范大学，2009.

[3] 孔凡士. 高等教育信息化的理论研究与实证分析 [D]. 武汉：武汉理工大学，2003.

[4] 李晶. 课堂物理环境透视及其教育意蕴探析——以长春市宽城区 N 小学为例 [D]. 长春：东北师范大学，2013.

[5] 李桂芹. 信息化教学评价量规的设计及应用研究 [D]. 南京：南京师范大学，2005.

[6] 闫杰. 信息化时代大学师生关系研究——以中南民族大学为例 [D]. 武汉：中南民族大学，2011.

[7] 杨同毅. 高等学校人才培养质量的生态学解析 [D]. 武汉：华中科技大学，2010.

[8] 杜亚丽. 中小学生态课堂的理论与实践研究 [D]. 长春：东北师范大学，2011.

[9] 谢广岭. 科学传播网站用户持续使用行为影响因素实证研究——

基于结构方程模型的理论模型建构和验证 [D]. 合肥：中国科学技术大学，2016.

[10] 邹峰. 大学生研究性学习满意度评价研究 [D]. 大连：大连理工大学，2010.

[11] 王艳杰. 高校教学服务学生满意度调查研究——以 H 大学本科生为例 [D]. 保定：河北大学，2011.

[12] 洪頵. "天人合一"和谐教学观下的课堂生态研究 [D]. 长沙：湖南师范大学，2013.

[13] 郑笑妹. 高中英语课堂生态现状调查研究 [D]. 漳州：闽南师范大学，2017.

[14] 徐建华. 共建式高校课堂生态环境研究 [D]. 哈尔滨：哈尔滨师范大学，2016.

[15] 任丽. 生态学视角下大学英语教学研究——基于山东省三所高等院校的教学调查 [D]. 上海：上海外国语大学，2013.

[16] 潘光文. 课堂的生态学研究 [D]. 重庆：西南大学，2004.

[17] 凌烨丽. 高校思想政治教育生态论 [D]. 南京：南京师范大学，2012.

[18] 涂荷玲. 生态课堂视角下教师对教学资源的利用研究 [D]. 南京：南京师范大学，2016.

[19] 陈雪. 大学英语课堂生态环境的建设研究——以东南大学大学英语教学为例 [D]. 南京：东南大学，2015.

[20] 徐进. 课堂生态失衡现状及对策探析 [D]. 北京：首都师范大学，2012.

[21] 高小红. 信息化背景下中小学生态课堂研究——以英语学科为例 [D]. 武汉：湖北大学，2014.

[22] 谈晓奇. 克雷明教育生态学理论述评 [D]. 上海：华东师范大学，2006.

外文文献类

[1]W. Doyle & G. Ponder. Classroom Ecology：Some Concerns about a

Neglected Dimension of Research on Teaching[J]. Contemporary Education, 1975, 46(3).

[2]S. T. Nathalie. Toward an Ecological Risk Assessment Framework For Special Education[J]. International Journal of Special Education, 2005, 20(1).

[3]Krantz, Patricia J.; Risley, Todd R. The Organization of Group Care Environments : Behavioral Ecology in the Classroom[J]. Paper presented at the Annual Convention of the American Psychological Association (80th, Honolulu, Hawaii, September 2-8, 1972).

[4]Agard, Judith A. The Classroom Ecological Structure : An Approach to the Specification of the Treatment Problem[J]. Paper presented at the Annual Meeting of the American Educational Research Association (Washington, D.C., March 30-April 3, 1975).

[5]Morrison, Sherry B.; Oxford, Rebecca L. Classroom Ecology and Kindergarten Students' Task-Related Behaviors : An Exploratory Study[J]. Paper presented at the Annual Meeting of the American Educational Research Association (Toronto, Canada, March 27-31, 1978).

[6]Julian G. Elliott, Steven E. Sternler. Teacher authority, tacit knowledge, and the training of teachers[J]. Advances in Learning and Behavioral Disabilities, 2008, (21):75-88.

[7]Dorothy D. Wollin&Mary Montagne.College Classroom Environment Effects of Sterility versus Amiability on Student and Teacher Performance. Environment and Behavior, 1981, 13(6).

[8]Becker, F. D., Sommer, R. & Bee, J. et al. College Classroom Ecology[J]. Sociometry, 1973, (4).

[9]C. R. Deakin et al. The Ecology of Learning : Factors Contributing to Learner-centred Classroom Cultures[J]. Research Papers in Education, 2007, 22(3).

[10]H. Rieth et al. An Analysis of the Impact of Microcomputers on the Secondary Special Education Classroom Ecology[J]. Journal of Educational Computing Research, 1988a, 4(4).

[11]W. Barowy & J. E. Smith. Ecology and Development in Classroom Communication[J]. Linguistics and Education : An International Research Journal, 2008, 19(2).

[12]S. D. Gest & P. C. Rodkin. Teaching Practices and Elementary Classroom Peer Ecologies[J]. Journal of Applied Developmental Psychology, 2011, 32(5).

[13]P. D. Marshall & M. M. Losonczy. Classroom Ecology : Relations Between Seating Location, Performance, and Attendance[J]. Psychological Reports, 2010, 107(2).

[14]Boylan, M. Ecologies of Participation in School Classrooms[J]. Teaching and Teacher Education, 2010, (26).

[15]Barowy, W. & Smith, J. E. (2008). Ecology and Development in Classroom Communication[J]. Linguistics and Education, 2008, (19).

[16]Betz E. L. & Klingensmith J.E. & Mene, J. W. The measurement and analysis of college student satisfaction[J]. Measurement and Evaluation in Guidance, 1970, (3).

[17]Carlson T.B. We hate Gym : Student Alienation from Physical Education[J]. Journal of Teaching in Physical Education, 1995, (14).

[18]Lewin K. Principles of Topological Psychology[M]. New York : McGraw - Hill, 1936.

[19]Li Wei Mai. A Comparative Study between UK and US : Student Satisfaction in High Education and Its Influential Factors[J]. Journal of Marketing Management, 2005, 21(8).

[20]Field H.S. & Giles W.G. Student Satisfaction with Graduate Education: Dimensionality and Assessment is a School of Business[J]. Education Research Quarterly, 1980, 5(2).

[21]Brenda M.O. Student Perceptions of Service Quality in A UK University Business and Management Faculty[J]. Quality Assurance in Education, 2000, (8).

[22]Robins L.S, ET AL. A Predictive Model of Student Satisfaction with

the Medical School Learning Environment[J]. Academic Medicine, 1997, 72(2).

[23]Luke M. D. Sinclair G. D. Gender Differences in Adolescent's Attitudes toward School Physical Education[J]. Journal of Teaching Physical Education, 1991, (1).

[24]Walberg H.J. Structural and Affective Aspects of Classroom Climate[J]. Psychology in the Schools, 1968, 5(3).

[25]J. C. Rush & K. J. Lovano. Research for the Classroom: An Ecological Impact Statement. Art Education, 1982, 35(2).

[26]M. G. Hewson. The Ecological Context of Knowledge: Implications of Learning Science in Developing Countries. Curriculum Studies, 1998, 2(4).

[27]M. Marla. Ecological Consciousness and Curriculum. Curriculum Studies, 2002, 34(5).

[28]S. F. Hamilton. The Social Side of Schooling: Ecological Studies of Classrooms and Schools. Elementary School Journal, 1983, 83(4).

[29]W. Doyle. Learning the Classroom Environment: An Ecological Analysis. Journal of Teacher Education, 1977, 28(6).

[30]W. E. Marsden. Environmental Studies Courses in Colleges in Education. Curriculum Studies, 1971, 3(2).

[31]Z. Peled et al. Ecology and Experimentation in the Evaluation of Information Technology Interventions in Natural Classroom Settings. Studies in Educational Evaluation, 1991, 17(2-3).

[32]Schleicher Klaus. Beyond Environmental Education: The Need for Ecological Awareness. International Review of Education, 1989, 35(3).

[33]Wratten Stephen D, Hodge. Simon. The Use and Value of Prior Knowledge Assessment in Ecology Curriculum Design. Journal of Biological Education, Autumn 1999, 33(4).

[34]P. Muyskens & J. E. Ysseldyke. Student Academic Responding Time as a Function of Classroom Ecology and Time of Day. Journal of Special Education, 1998, 31(4).

其他文献类

[1] 教育部 . 1999 年教育大事记 [EB/OL]. [2017-01-16]. http：//www. moe.edu.cn/publicfiles/business/htmlfiles/moe/moe_163/200408/3460.html.

[2] 教育部 . 教育信息化"十三五"规划 [Z].2016-06-07.

[3] 邓晖 . 大学课堂,患了什么病？ [N]. 光明日报，2014-2-12(5).

[4] 姚小丹 . 大学课堂,缘何吸引力不够？ [N]. 光明日报，2013-11-13(16).

[5] 陈莹 .VR+ 教育,你看到了什么 [N]. 科技日报，2016-6-15(5).

[6] 郑毅骞 . 3D 打印进课堂：如何协调教育和技术？ [EB/OL]. http：//toutiao.com/i6296677639453147649/，2016-6-16.

[7] 麦可思 . 你的教室够潮吗？对外经贸大学教室改造案例 [EB/OL]. http://www.aiweibang.com/yuedu/110082284.html，2016-4-25.

[8] 孔悦 . 手机与教师：谁能抓住大学生注意力？ [N]. 新京报，2014-6-9(D14-D15).

附录1 信息化对大学生课堂学习

收获影响调查问卷（试测）

亲爱的同学：

　　您好！非常感谢您参与此次调查，请您依照自身的实际情况进行填写。本次调查无记名，答案没有对错之分。这些资料仅供学术研究之用，不会对外公开，请放心填写。非常感谢您填写这份调查问卷，谢谢！

　　一、以下是关于您个人的基本情况，这些资料仅作为统计分析之用，敬请放心填答。请在适当的（　）内打"√"，或在＿＿＿上进行填写。

　　1. 您就读的高校：＿＿＿＿＿＿

　　2. 您的专业：＿＿＿＿＿＿＿

　　3. 您的性别：a. 男（　）　　b. 女（　）

　　4. 您所在的年级：

　　a. 本科一年级（　）　　b. 本科二年级（　）

　　c. 本科三年级（　）　　d. 本科四年级（　）

　　二、这一部分是想了解您在大学期间对多门课程课堂学习情况的总体感受，请根据您的实际感受在后面的选项框中打"√"。

序号	课堂学习感受	非常不满意	不太满意	一般	比较满意	非常满意
1	您对于老师制作的多媒体课件视觉效果感到					
2	您对于老师操作多媒体设备的能力感到					
3	您对于老师遇到多媒体设备故障时的应变能力感到					
4	您对于多媒体教室的空间布局合理性感到					
5	您对于老师将信息技术与教学内容进行融合的能力感到					
6	您对于老师的教学内容安排感到					
7	您对于老师编排的课堂教学进度感到					
8	您对于老师根据教学内容采取多样化教学模式的能力感到					
9	您对于老师借助信息技术引导和支持学生进行主动学习的能力感到					
10	您对于老师借助信息技术创设感官教学环境的能力感到					
11	您对于老师借助信息技术形象直观地表现教学内容的能力感到					

续表

序号	课堂学习感受	非常不满意	不太满意	一般	比较满意	非常满意
12	您对于老师通过 qq、E-Mail、微信等社交软件与学生进行课后交流的能力感到					
13	您对于课堂上能够与其他同学相互合作、交流、讨论的机会感到					
14	您对于老师与学生相处时的态度感到					
15	您对于老师参与课堂讨论、合作、辩论等的热忱感到					
16	您对于老师创设的课堂情境感到					
17	您对于老师借助信息技术增加学生之间的互动与合作气氛的能力感到					
18	您对于老师不仅重视学生的学习结果,更重视学生的学习过程的做法感到					
19	您对于老师制定的课程成绩评价方式感到					
20	您对于老师除了关注传统的分数评价,更注重对学生进行描述性评价的做法感到					
21	您对于老师重视学生进行自我评价的做法感到					

续表

序号	课堂学习感受	非常不满意	不太满意	一般	比较满意	非常满意
22	您对于老师重视学生与学生之间进行相互评价的做法感到					
23	您对于老师借助信息化工具（如电子档案袋等）对学生进行学习评价的做法感到					
24	您对于多媒体教室的桌椅摆放方式感到					
25	您对于多媒体教室内的媒体视听效果感到					
26	您对于老师与学生进行课后交流的次数感到					
27	您对于老师参与学生课堂讨论的次数感到					
28	您对于多媒体教室的音响效果感到					
29	您对于同学参与课堂交流的积极性感到					
30	您对于多媒体教室的设备运转性能感到					
31	您对于多媒体设备的维护与保养状况感到					
32	您对于老师提供的学习资源使用便捷性感到					

续表

序号	课堂学习感受	非常不满意	不太满意	一般	比较满意	非常满意
33	您对于老师提供的学习资源丰富多样性感到					
34	您对于多媒体教室的软件更新速度感到					
35	您对于多媒体教室的学习资源储备感到					
36	您对于老师提供的学习资源科学性、权威性感到					

三、这一部分是想了解您在大学期间对于课堂学习收获的总体感受,请根据您的实际感受在后面的选项框中打"√"。

序号	课堂学习感受	收获很少	收获比较少	一般	收获比较大	收获很大
37	从老师的课堂教学中,您感觉自己在专业理论知识方面					
38	从老师的课堂教学中,您感觉自己在专业实践知识方面					
39	从老师的课堂教学中,您感觉自己在创新思维能力提升方面					
40	从老师的课堂教学中,您感觉自己在信息获取能力提升方面					

序号	课堂学习感受	非常不满意	不太满意	一般	比较满意	非常满意
41	从老师的课堂教学中,您感觉到自己在自主学习能力提升方面					
42	从老师的课堂教学中,您感觉自己在人际交往与合作能力提升方面					
43	从老师的课堂教学中,您感觉自己在获得自我肯定与认同方面					
44	从老师的课堂教学中,您感觉自己在公平竞争意识与能力提升方面					
45	从老师的课堂教学中,您感觉自己在精神愉悦方面					

问卷到此结束,再次感谢您的热心参与!

附录2 信息化对大学生课堂学习
收获影响调查问卷（正式）

亲爱的同学：

　　您好！非常感谢您参与此次调查，请您依照自身的实际情况进行填写。本次调查无记名，答案没有对错之分。这些资料仅供学术研究之用，不会对外公开，请放心填写。非常感谢您填写这份调查问卷，谢谢！

　　一、以下是关于您个人的基本情况，这些资料仅作为统计分析之用，敬请放心填答。请在适当的（　）内打"√"，或在＿＿＿＿上进行填写。

　　1. 您就读的高校：＿＿＿＿＿＿

　　2. 您的专业：＿＿＿＿＿＿＿

　　3. 您的性别：a. 男（　）　　b. 女（　）

　　4. 您所在的年级：

　　a. 本科一年级（　　）　　b. 本科二年级（　　）

　　c. 本科三年级（　　）　　d. 本科四年级（　　）

　　二、这一部分是想了解您在大学期间对多门课程课堂学习情况的总体感受，请根据您的实际感受在后面的选项框中打"√"。

序号	课堂学习感受	非常不满意	不太满意	一般	比较满意	非常满意
Q1	我对于多媒体教室的设备运转性能感到					
Q2	您对于多媒体教室的空间布局合理性感到					
Q3	您对于多媒体教室内的媒体视听效果感到					
Q4	您对于多媒体教室的课桌椅摆放方式感到					
Q5	您对于课堂上能够与其他同学相互合作、交流、讨论的机会感到					
Q6	您对于老师与学生进行课后交流的次数感到					
Q7	您对于同学参与课堂交流的积极性感到					
Q8	您对于老师参与学生课堂讨论的次数感到					
Q9	您对于老师与学生相处时的态度感到					
Q10	您对于老师操作多媒体设备的能力感到					
Q11	您对于老师提供的学习资源丰富多样性感到					

续表

序号	课堂学习感受	非常不满意	不太满意	一般	比较满意	非常满意
Q12	您对于老师提供的学习资源使用便捷性感到					
Q13	您对于老师提供的学习资源科学性、权威性感到					
Q14	您对于老师制作的多媒体课件视觉效果感到					
Q15	您对于老师借助信息技术增加学生之间互动与合作气氛的能力感到					

三、这一部分是想了解您在大学期间对于课堂学习收获的总体感受,请根据您的实际感受在后面的选项框中打"√"。

序号	课堂学习感受	收获很少	收获比较少	一般	收获比较大	收获很大
Q16	从老师的课堂教学中,您感觉自己在专业理论知识方面					
Q17	从老师的课堂教学中,您感觉自己在专业实践知识方面					
Q18	从老师的课堂教学中,您感觉自己在信息获取能力提升方面					
Q19	从老师的课堂教学中,您感觉自己在人际交往与合作能力提升方面					

续表

序号	课堂学习感受	收获很少	收获比较少	一般	收获比较大	收获很大
Q20	从老师的课堂教学中,您感觉自己在获得自我肯定与认同方面					
Q21	从老师的课堂教学中,您感觉自己在公平竞争意识与能力提升方面					

问卷到此结束,再次感谢您的热心参与!

附录3 结构方程模型整体适配度指标

在参考下述多位学者的研究成果的基础之上,制定本研究所依据的评价指标见表5-9。

1. 吴明隆. 结构方程模型——AMOS 的操作与应用 [M]. 重庆：重庆大学出版社，2010：52-53.

2. 荣泰生. AMOS 与研究方法 [M]. 重庆：重庆大学出版社，2009：128-129.

3. 沈霄凤,范云欢. 教育信息处理应用 [M]. 上海：华东师范大学出版社，2012：152-153.

表 5-9　整体模型适配度的常用评价指标

指标类型	指标	适配的标准或临界值
绝对拟合度指标	卡方值	$P > 0.05$
	卡方自由度比值	$P < 3.000$
	拟合优度指数	$P > 0.90$
	调整拟合优度指数	$P > 0.90$
	近似误差均方根	$P < 0.05$

续表

指标类型	指标	适配的标准或临界值
增值拟合度指标	规范拟合指数	$P > 0.90$
	相对拟合指数	$P > 0.90$
	增值拟合指数	$P > 0.90$
	Tucker-Lewis 系数	$P > 0.90$
	比较拟合指数	$P > 0.90$
	临界样本数	$P > 200$